Einstern
Mathematik für Grundschulkinder

2

Themenheft 1

✦ Die Zahlen bis 100
✦ Sachaufgaben Teil 1
✦ Geometrie Teil 1

Erarbeitet von Roland Bauer und Jutta Maurach

In Zusammenarbeit mit der
Cornelsen Redaktion Grundschule

Cornelsen

Einstern 2

Mathematik für Grundschulkinder
Themenheft 1
Die Zahlen bis 100
Sachaufgaben Teil 1
Geometrie Teil 1

Erarbeitet von: Roland Bauer, Jutta Maurach
Fachliche Beratung: Prof'in Dr. Silvia Wessolowski
Fachliche Beratung
exekutive Funktionen: Dr. Sabine Kubesch, INSTITUT BILDUNG plus, im Auftrag des ZNL TransferZentrum für Neurowissenschaften und Lernen, Ulm
Redaktion: Uwe Kugenbuch, Peter Groß, Friederike Thomas
Illustration: Yo Rühmer
Umschlaggestaltung: Cornelia Gründer, agentur corngreen, Leipzig
Layout und
technische Umsetzung: lernsatz.de

fex steht für *Förderung exekutiver Funktionen*. Hierbei werden neueste Erkenntnisse der kognitiven Neurowissenschaft zum spielerischen Training exekutiver Funktionen für die Praxis nutzbar gemacht. **fex** wurde vom **ZNL TransferZentrum für Neurowissenschaften und Lernen** *(www.znl-ulm.de)* an der Universität Ulm gemeinsam mit der **Wehrfritz GmbH** *(www.wehrfritz.com)* ins Leben gerufen. Der Cornelsen Verlag hat in Kooperation mit dem ZNL ein Konzept für die Förderung exekutiver Funktionen im Unterrichtswerk *Einstern* entwickelt.

Bildnachweis

15 © Europäische Zentralbank
39 Paul Klee, Burg und Sonne, 1928, akg-images/Erich Lessing

www.cornelsen.de

1. Auflage, 3. Druck 2019

Alle Drucke dieser Auflage sind inhaltlich unverändert
und können im Unterricht nebeneinander verwendet werden.

© 2015 Cornelsen Schulverlag GmbH, Berlin
© 2019 Cornelsen Verlag GmbH, Berlin

ISBN 978-3-06-083685-7
ISBN 978-3-06-081803-7 (E-Book)
ISBN 978-3-06-084229-2 (E-Book: alle Themenhefte Einstern 2)

 Inhalt gedruckt auf säurefreiem Papier aus nachhaltiger Forstwirtschaft.

Inhaltsverzeichnis

Zahlen bis 100

Zehnerzahlen
- ★ Zehnerzahlen erkennen und darstellen 5
- ★ Zehnerzahlen als Zahl und als Zahlwort schreiben 6
- ★ Zehnerzahlen vergleichen und ordnen 7
- ★ Mit Zehnerzahlen rechnen 8

Zahlen bis 100 darstellen
- ★ Große Anzahlen schätzen und zählen 9
- ★ Schätzhilfen und Zählhilfen kennenlernen 10
- ✸ Unterschiedliche Darstellungen von Zahlen verstehen 11
- ★ Immer 10 zusammenfassen 12
- ★ Zahlenbilder mit Zehnerstangen und Einzelnen kennenlernen 13
- ★ Punktebilder auf einen Blick erkennen 14
- ✸ Geldbeträge legen und ermitteln 15
- ★ Zahlen lesen und schreiben 16
- ✸ Zahlen in Bildern erkennen und malen 17
- ★ Zahlenrätsel lösen und selbst schreiben 18
- ✸ Mit Ziffernkarten knobeln 19

Zahlen in der Hundertertafel
- ★ Die Hundertertafel verstehen 20
- ✸ Zahlen in der Hundertertafel bestimmen 21
- ★ Zahlen und Wege auf der Hundertertafel finden 22

Zahlen auf dem Zahlenstrahl
- ★ Zahlen am Zahlenstrahl ablesen 23
- ★ Vorgänger, Nachfolger und Nachbarzehner bestimmen 24

Zahlenfolgen
- ★ Zahlenfolgen vorwärts und rückwärts ergänzen 25
- ✸ Zahlenfolgen erkennen und fortsetzen 26

Zahlen ordnen und vergleichen
- ★ Gewinnstrategien ermitteln 27
- ★ Die Zeichen <, > und = verwenden 28
- ✸ Zahlen vergleichen 29
- ★ Mit Ordnungszahlen Plätze beschreiben 30

Gerade und ungerade Zahlen
- ★ Große Zahlen halbieren 31
- ★ Gerade und ungerade Zahlen erkennen 32
- ✸ Hausnummern notieren 33

Sachaufgaben

Informationen entnehmen
- ★ Einem Bild Informationen entnehmen 34
- ★ Einer Tabelle Informationen entnehmen 35
- ★ Einem Säulendiagramm Informationen entnehmen 36
- ★ Informationen aus Texten entnehmen 37
- ★ Informationen den passenden Fragestellungen zuordnen 38

Geometrie

Figuren – Muster – Reihen
- ★ Geometrische Grundformen erkennen 39
- ✸ Figuren in einem Zug zeichnen 40
- ★ Muster abzeichnen 41
- ★ Reihen erkennen und fortsetzen 42
- ✸ Reihen fortsetzen 43

Lagebeziehungen
- ★ Wege und Richtungen erkennen 44
- ★ Vor, hinter, neben, rechts, links erkennen 45

Symmetrie
- ★ Symmetrische Figuren erkennen 46
- ★ Symmetrische Figuren ergänzen 47
- ✸ Symmetrische Buchstaben und Wörter erkennen 48

Ich bin
Einstern ...

... und ich helfe dir:

schreiben

denken

erkennen

verstehen

Zehnerzahlen erkennen und darstellen

 1 Suche dir ein anderes Kind. Nennt euch abwechselnd Zehnerzahlen. Legt sie mit Zehnerstangen und Zehnerstreifen.

dreißig

2 Schreibe zu jedem Bild die passende Zehnerzahl auf.

a)
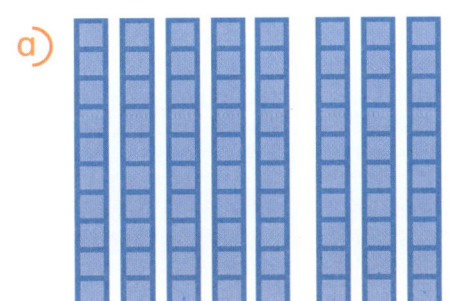

Seite 5 Aufgabe 2
a) 8 0   b) ...   c) ...
d) ...

b) 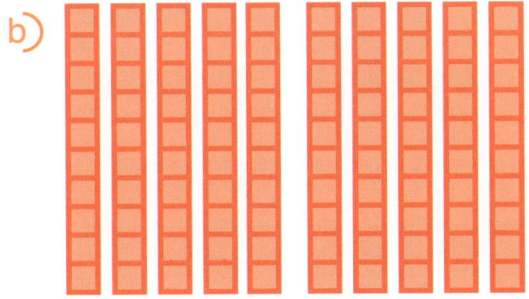   c) 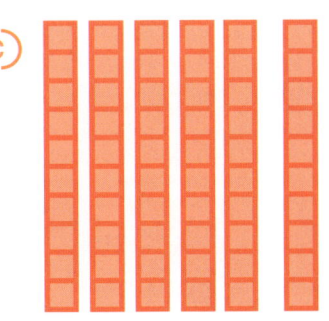   d)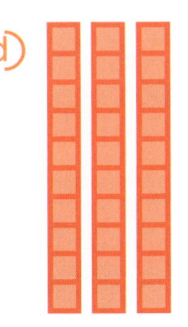

3 Zeichne die Zehnerstangen.

a) 20   b) 30   c) 50
   70   90   40
   60   80   100

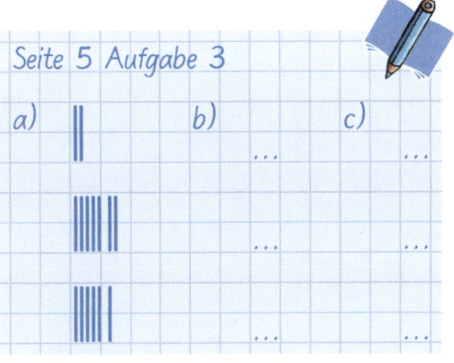

Seite 5 Aufgabe 3
a) || b) ...   c) ...
    |||| ... ...
    |||| ... ...

★ nutzen planvoll und systematisch die Struktur des Zehnersystems (Bündelung)
★ erkennen und nutzen die Zehnerstruktur, um Mengen schnell zu erfassen

Zehnerzahlen als Zahl und als Zahlwort schreiben

10 – zehn	20 – zwanzig	30 – dreißig	40 – vierzig
50 – fünfzig	60 – sechzig	70 – siebzig	80 – achtzig
90 – neunzig	100 – einhundert		

1 Schreibe zu jedem Zahlwort die passende Zahl.

a) einhundert   b) zehn

c) vierzig   d) fünfzig

e) achtzig   f) dreißig

g) siebzig   h) neunzig

i) zwanzig   k) sechzig

Seite 6 Aufgabe 1

a) 1 0 0   b) ...   c) ...   d) ...

e) ...   f) ...   g) ...   h) ...

i) ...   k) ...

2 Schreibe jede Zahl als Zahlwort.

a) 20   b) 70

c) 90   d) 100

e) 60   f) 10

g) 50   h) 30

i) 40   k) 80

Seite 6 Aufgabe 2

a) zwanzig   b) ...

c) ...   d) ...

e) ...   f) ...

g) ...   h) ...

i) ...   k) ...

3 Schreibe als Zahl und als Zahlwort.

a)
Z	E
8	0

b)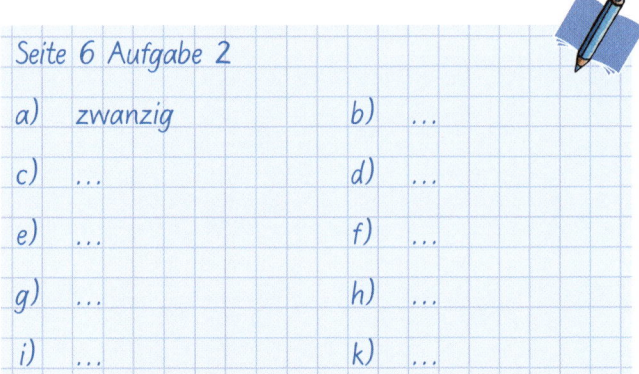

c)

d)

e)

f)
Z	E
6	0

Seite 6 Aufgabe 3

a) 8 0, achtzig   b) ...

∗ übertragen eine Darstellung in eine andere
∗ schreiben Zehnerzahlen als Zahl und als Zahlwort

Zehnerzahlen vergleichen und ordnen

 1 Suche dir
ein anderes Kind.
Legt abwechselnd
Zahlen und
passende Zeichen.

2 Setze die Zeichen <, > oder = passend ein.

a) ▮▮▮ ● ▮   b) ▮▮ ● ▮▮▮▮

c) ▮▮▮▮▮ ● ▮▮▮   d) ▮▮▮▮ ● ▮▮▮

e) 80 ● 50   f) 70 ● 90

g) 50 ● 30   h) 60 ● 100

Seite 7 Aufgabe 2		
a) ▮▮▮ > ▮▮	b)	...
c) ...	d)	...
e) 8 0 > 5 0	f)	...
g) ...	h)	...

3 Setze passende Zahlen ein.

a) 30 < ▪   b) 50 < ▪

c) 60 > ▪   d) 80 < ▪

e) ▪ > 30   f) ▪ = 40

g) ▪ < 80   h) ▪ > 70

Seite 7 Aufgabe 3		
a) 3 0 < ...	b)	...
c) ...	d)	...
e) ...	f)	...
g) ...	h)	...

4 Ordne die Zehnerzahlen der Größe nach.

a) Beginne mit der kleinsten Zahl.

10		30		70
	90		50	

b) Beginne mit der größten Zahl.

100	40	30	80	70

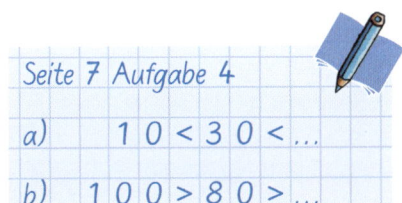

Seite 7 Aufgabe 4	
a) 1 0 < 3 0 < ...	
b) 1 0 0 > 8 0 > ...	

★ vergleichen Zehnerzahlen unter Verwendung der Begriffe
„ist kleiner als", „ist größer als" und „ist gleich"
★ verwenden die entsprechenden Relationszeichen richtig

7

1 Rechne.

a)
50 + 20 = ▢
40 + 30 = ▢
30 + 60 = ▢
80 + 20 = ▢
10 + 40 = ▢

Seite 8 Aufgabe 1			
a)	5 0 + 2 0 = 7 0	b)	...
	⋮		
c)	...	d)	...

b)
20 + ▢ = 60
30 + ▢ = 80
50 + ▢ = 70
70 + ▢ = 90
40 + ▢ = 100

c)
60 − 40 = ▢
80 − 50 = ▢
100 − 20 = ▢
90 − 60 = ▢
70 − 20 = ▢

d)
80 − ▢ = 40
70 − ▢ = 30
90 − ▢ = 50
100 − ▢ = 30
60 − ▢ = 40

2 Ergänze passend. Schreibe die Zahlenpaare auf.

a)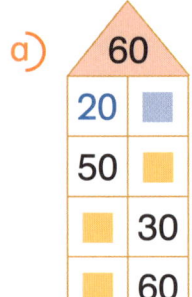

b)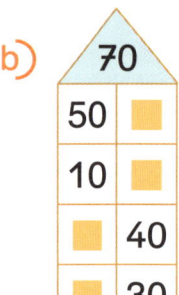

Seite 8 Aufgabe 2				
a)	2 0 | 4 0	b)	...	
c)	...	d)	...	e) ...

c)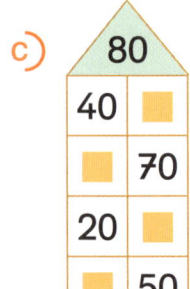

d)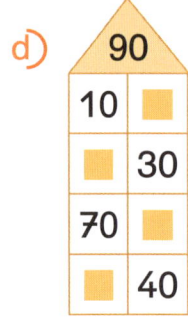

e)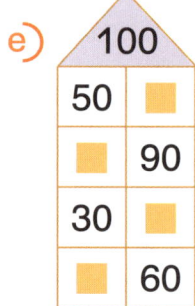

3 Finde passende Aufgaben. Schreibe sie auf.

a)
▢ ● ▢ = 40
▢ ● ▢ = 40
▢ ● ▢ = 40
▢ ● ▢ = 40

b)
▢ ● ▢ = 50
▢ ● ▢ = 50
▢ ● ▢ = 50
▢ ● ▢ = 50

Seite 8 Aufgabe 3		
a)	8 0 − 4 0 = 4 0	b) ...
	⋮	

★ rechnen mit Zehnerzahlen
★ bilden selbst Additions- und Subtraktionsaufgaben
  mit Zehnerzahlen zu vorgegebenen Ergebnissen

→ Ü Seiten 1 und 2

1 Suche dir ein anderes Kind. Nehmt euch Plättchen oder Steckwürfel.
Legt eine große Menge davon aus. Schätzt zuerst die Anzahl.
Zählt dann nach. Nehmt auch andere Dinge.

2 Rechts und links sind jeweils gleich viele Dinge abgebildet.
Schätze immer zuerst die Anzahl in dem linken Feld.
Bestimme dann die Anzahl durch Zählen im rechten Feld.

a)

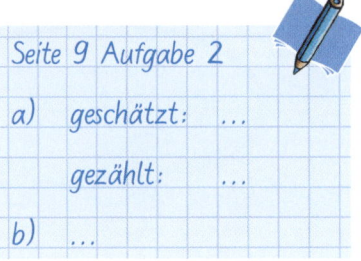

Seite 9 Aufgabe 2

a) geschätzt: ...

    gezählt: ...

b) ...

b)

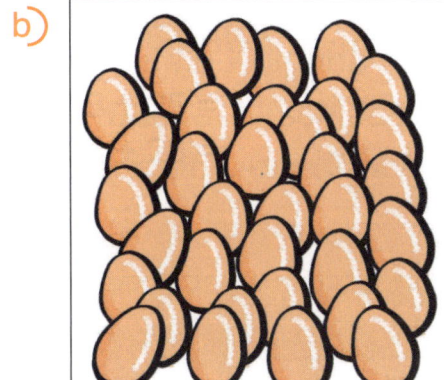

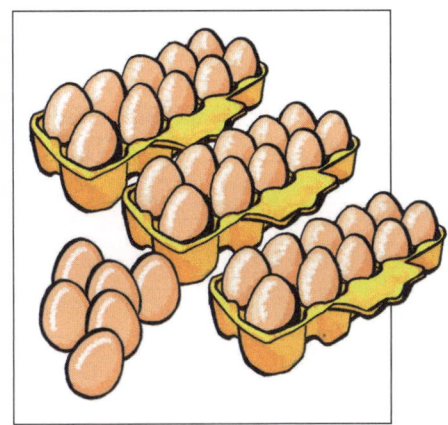

★ erfassen größere Anzahlen zunehmend systematisch
★ nutzen die Zehnerstruktur zur Anzahlerfassung im erweiterten Zahlenraum

9

1 Schätze bei jeder Abbildung die Anzahl der Bonbons.
Zähle anschließend die Bonbons.

a)

Geht das hier überhaupt?

Seite 10 Aufgabe 1

a) geschätzt: ...   gezählt: ...

b) ...

b)

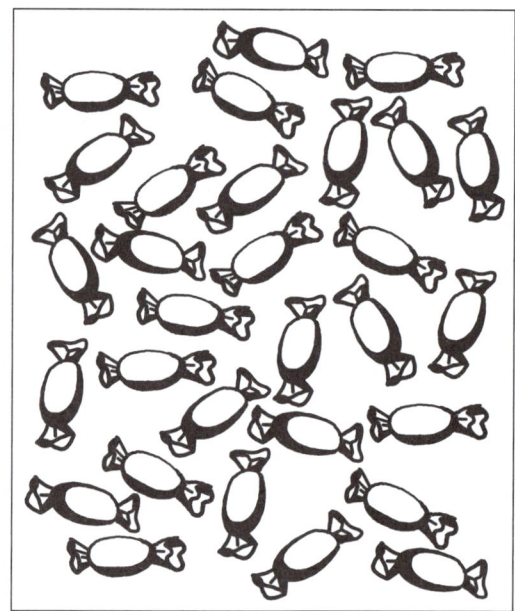

c)

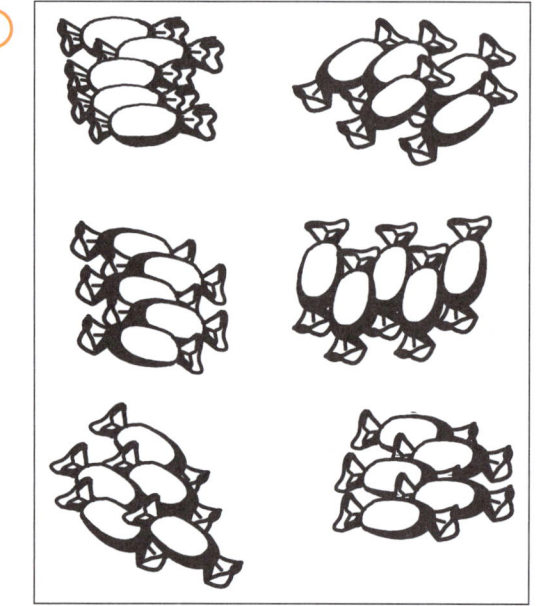

d)

e)

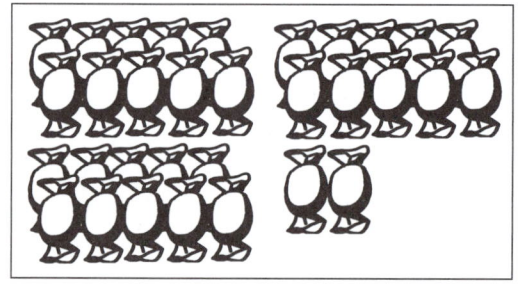

2 Bei welchen Abbildungen fielen dir das Schätzen und Zählen leicht?
Besprich deine Erfahrung mit einem anderen Kind.

★ entwickeln Strategien beim Schätzen größerer Anzahlen
★ erkennen und nutzen die Fünfer- und Zehnerstruktur, um Mengen schneller zu erfassen
★ bearbeiten Aufgabenstellungen gemeinsam und setzen eigene und fremde Erfahrungen in Beziehung

1 Die Kinder zählen an verschiedenen Straßen im Ort, wie viele Autos zwischen 13 Uhr und 14 Uhr dort fahren. So sehen ihre Notizen aus:

Meral

Tim

Lea

Maja

Schreibe auf, wie viele Autos jedes Kind gezählt hat.

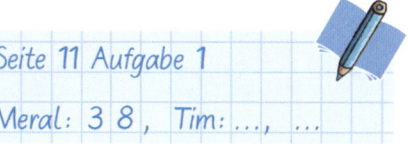

Seite 11 Aufgabe 1

Meral: 3 8 , Tim: ..., ...

2 Wähle eine Zahl zwischen 20 und 100.
Stelle sie so wie eines der Kinder dar.
Wähle die Darstellung, die dir am besten gefällt.
Sprich mit einem anderen Kind darüber.

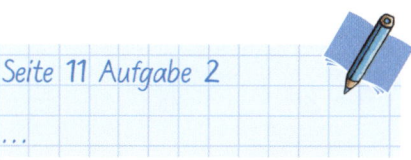

Seite 11 Aufgabe 2

...

3 Überlege mit einem anderen Kind, wie viele Autos auf der Straße vor eurer Schule innerhalb einer Stunde vorbeifahren. Begründet eure Vermutung.

| 3 + 4 + 2 | | 2 + 3 + 1 + 4 | | 1 + 5 + 3 + 2 + 4 |

 15   9   10

★ erkennen und nutzen die Fünfer- und Zehnerstruktur, um Anzahlen bei Mengen schneller zu erfassen
★ führen Zahldarstellungen ineinander über
★ stellen Überlegungen an, die zur Lösung von Sachproblemen führen

11

1 Bestimme die Anzahl. Übertrage dazu die Anzahl der Zehner und Einer in die Stellentafel und bilde eine Plusaufgabe.

a)
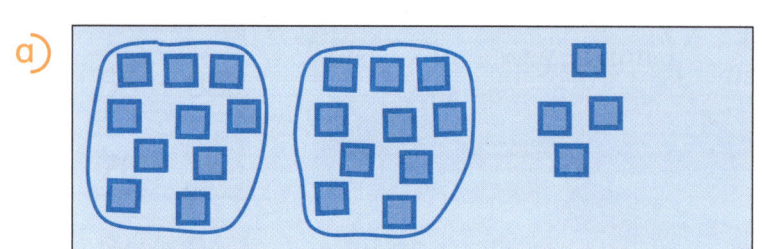

Seite 12 Aufgabe 1

a)
Z	E
2	4

20 + 4 = 24

b)
Z	E

...

b)
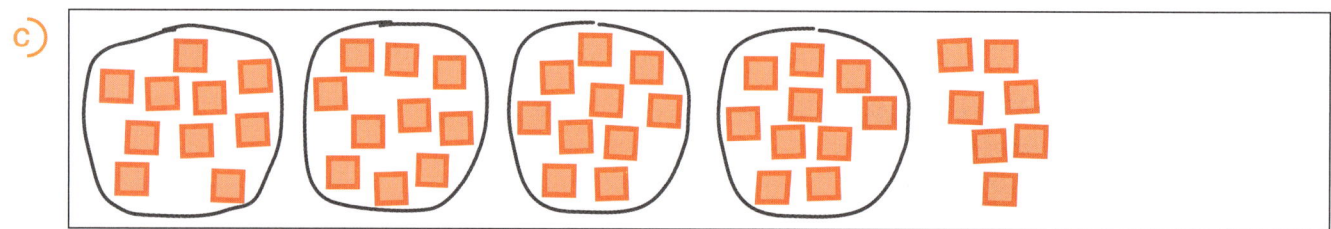

c)
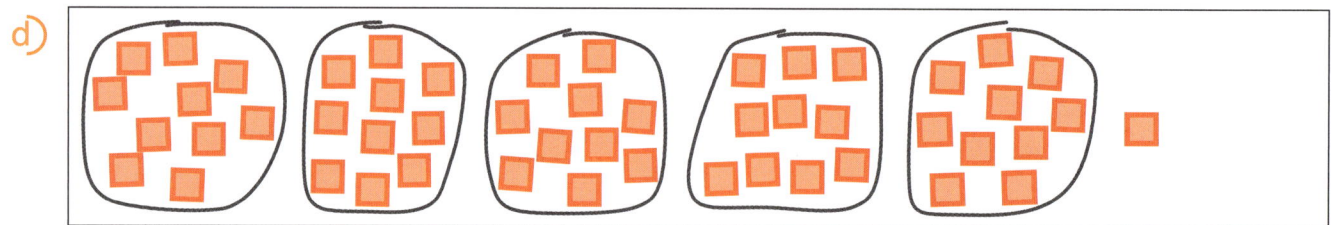

d)

2 Stelle die Zahl als Plusaufgabe dar.

a)
Z	E
2	6

b)
Z	E
3	2

c)
Z	E
5	1

d)
Z	E
4	5

e)
Z	E
8	7

f)
Z	E
7	6

g)
Z	E

h)
Z	E

Ich zerlege die Zahlen in Zehner und Einer.

Seite 12 Aufgabe 2

a) 20 + 6 = 26   b) ...

★ wechseln zwischen verschiedenen Zahldarstellungen und erläutern Gemeinsamkeiten
★ stellen Zahlen im Zahlenraum bis 100 unter Anwendung der Struktur des Zehnersystems dar

→ AH Seite 4

 1 Suche dir ein anderes Kind. Legt euch gegenseitig Zahlen aus Zehnerstangen und einzelnen Würfeln. Sprecht wie Tim.

Es sind 2 Zehnerstangen und 4 einzelne Würfel.

Es sind 24.

2 Schreibe zu jedem Bild die passende Zahl auf.

a)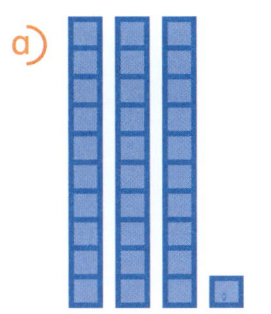

b)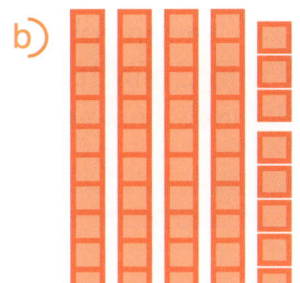

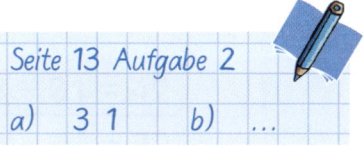

Seite 13 Aufgabe 2
a) 3 1   b) ...

c)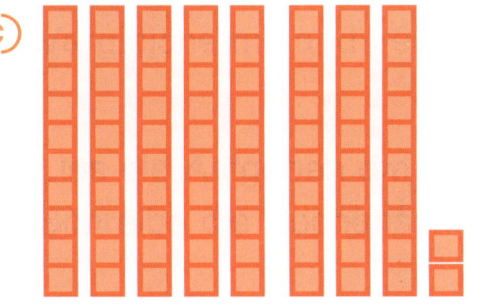

d)

e)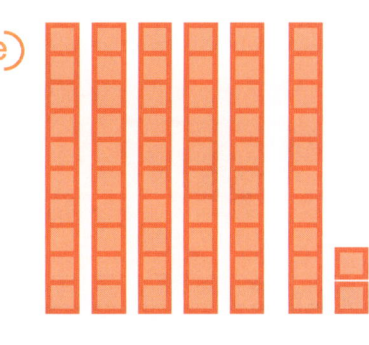

f)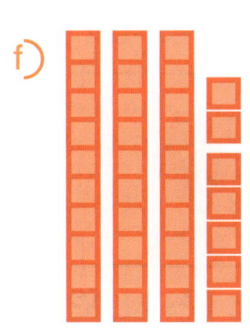

g)

h)

3 Zeichne zu diesen Zahlen Bilder.

a) 35   b) 76

c) 57   d) 93

e) ▮   f) ▮

Zeichne für jede Zehnerstange einen Strich und für jeden Einer einen Punkt.

Seite 13 Aufgabe 3
a) |||| b) ...

★ erkennen und nutzen die Fünfer- und Zehnerstruktur, um Mengen schneller zu erfassen
★ wechseln zwischen verschiedenen Darstellungsformen
★ übertragen bekannte Zahldarstellungen mit strukturiertem Material auf den erweiterten Zahlenraum

13

1 Schreibe zu jedem Punktebild die passende Zahl auf.

a)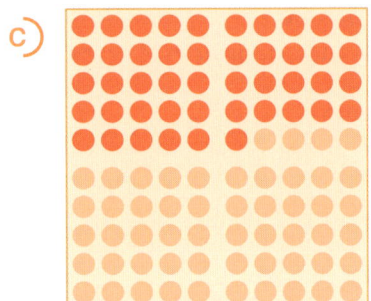

b)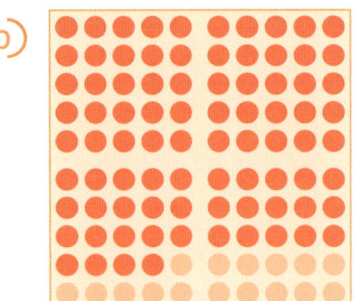

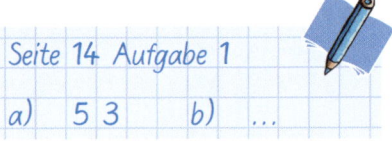

Seite 14 Aufgabe 1

a)   5 3   b)   ...

c)

d)

e)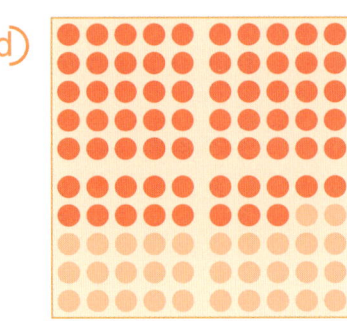

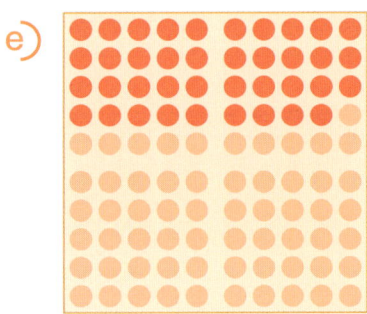

2 Lege selbst Punktebilder.

a) 28   b) 54   c) 73

d) 41   e) ▮   f) ▮

| 5 + 2 + 3 | | 4 + 6 + 2 + 5 | | 7 + 5 + 2 + 4 + 1 |

 19   17   10

* erkennen und nutzen die Fünfer- und Zehnerstruktur, um Anzahlen schneller zu erfassen
* wechseln zwischen verschiedenen Darstellungsformen
* übertragen bekannte Zahldarstellungen mit strukturiertem Material auf den erweiterten Zahlenraum

 1 Suche dir ein anderes Kind. Legt euch gegenseitig Geldbeträge in € und ct. Bestimmt dann den Betrag.

2 Schreibe auf, wie viel Euro jedes Kind hat.

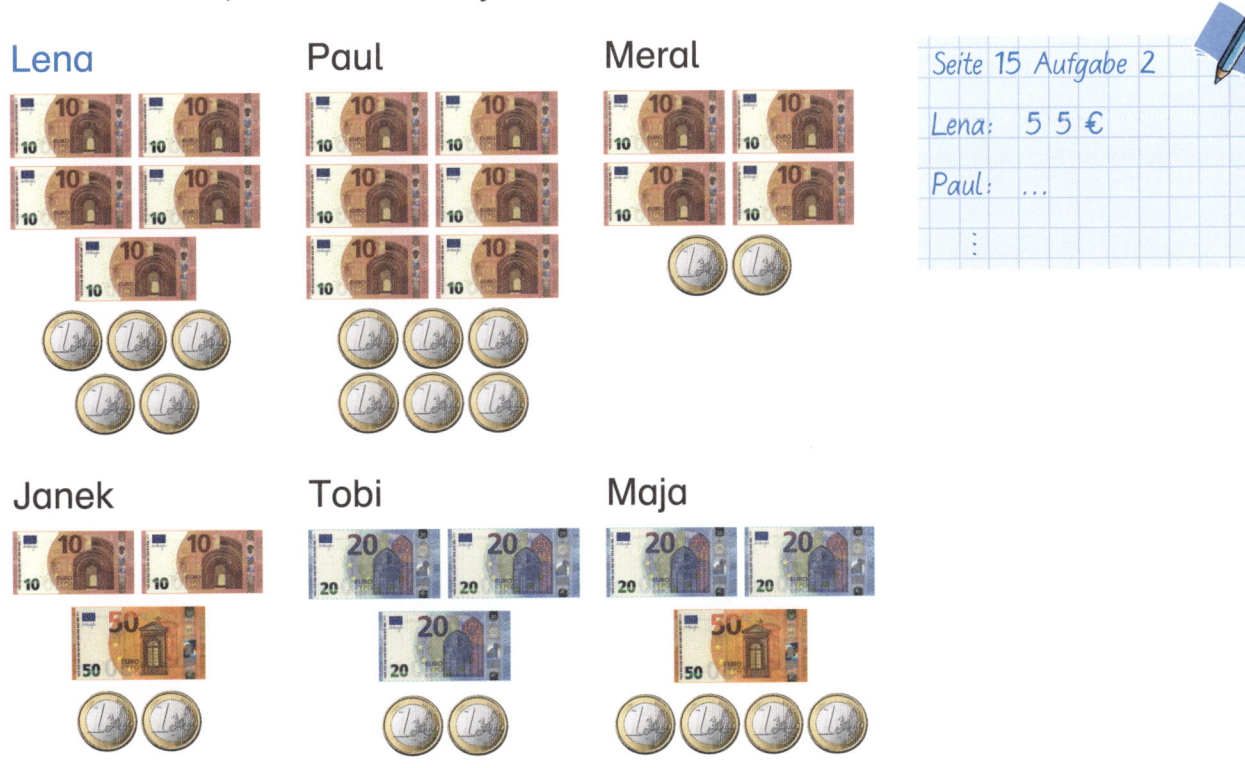

3 Schreibe auf, wie viel Cent jedes Kind hat.

★ wechseln zwischen verschiedenen Darstellungen
★ führen Zahldarstellungen ineinander über
★ bearbeiten Aufgabenstellungen gemeinsam

15

Zahlen lesen und schreiben

eins | zwei | drei | vier | fünf | sechs | sieben | acht | neun

zehn | zwanzig | dreißig | vierzig | fünfzig | sechzig

siebzig | achtzig | neunzig | einhundert

1 Schreibe die Zahlen in dein Heft.

a) einundsiebzig

b) vierundsechzig

c) fünfunddreißig

d) achtundfünfzig

e) zweiundvierzig

f) sechsundachtzig

Seite 16 Aufgabe 1

a) 7 1   b) ...

2 Schreibe die Zahlen als Zahlwörter.

a) 96   b) 68   c) 76   d) 41

e) 54   f) 28   g) 89   h) 33

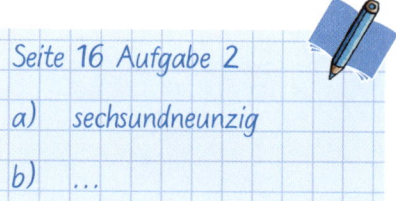

Seite 16 Aufgabe 2

a) sechsundneunzig

b) ...

3 Schreibe als Zahl und als Zahlwort.

a)
Z	E
3	7

b) ⬤ ⬤ .

c)
Z	E
6	8

d) ||||

e) ||||||

f)

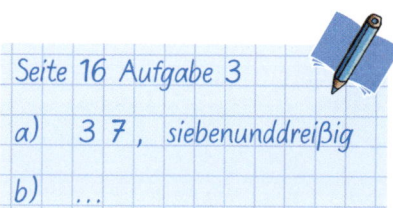

Seite 16 Aufgabe 3

a) 3 7, siebenunddreißig

b) ...

★ wechseln zwischen verschiedenen Zahldarstellungen
★ übertragen und verknüpfen bekannte Vorgehensweisen auf zweistellige Zahlen im erweiterten Zahlenraum   → Ü Seite 3

1 Finde heraus, welche Zahl dargestellt ist. Schreibe sie auf.

a)
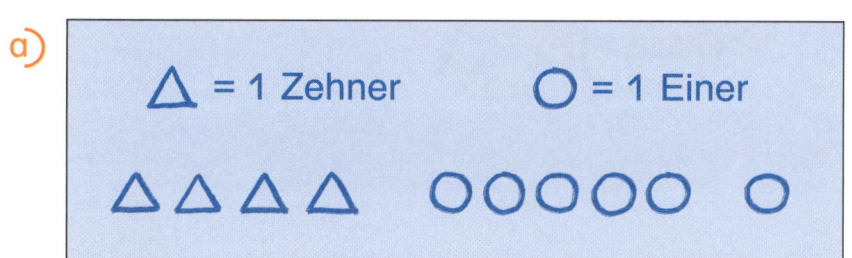

△ = 1 Zehner   ○ = 1 Einer

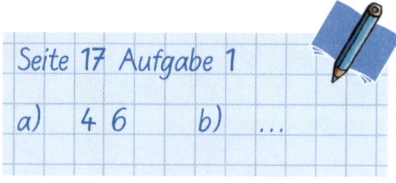

Seite 17 Aufgabe 1

a) 4 6   b) ...

b)

= 1 Zehner   = 1 Einer

c)

= 1 Zehner   = 1 Einer

2 Überlege dir selbst Zeichen für Zehner und Einer und zeichne Zahlenbilder als Geheimschrift. Bitte ein anderes Kind, deine Zahlen zu entschlüsseln.

Seite 17 Aufgabe 2

1 Zehner =

1 Einer =

| 4 + 5 + 8 | | 3 + 5 + 6 + 4 | | 7 + 6 + 4 + 2 + 1 |

 18    17    20

* erkennen bereits bekannte Strukturen in der Darstellung von ungewöhnlichen Zahlzeichen
* stellen Zahlen durch unterschiedliche Stellenwertsymbole bildlich dar
* finden zu mathematischen Modellen eigene Darstellungsformen und vergleichen sie mit anderen

17

1 Löse die Zahlenrätsel.

Tipp: Wenn du zuerst Zahlenbilder zeichnest, geht es leichter.

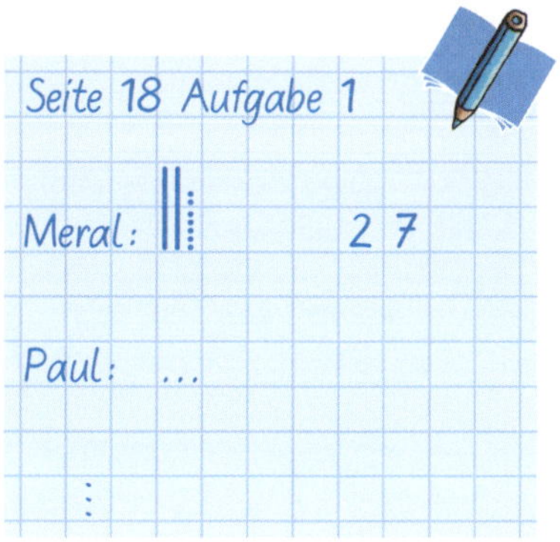

Seite 18 Aufgabe 1

Meral: ||| 2 7

Paul: ...

Meine Zahl hat 7 Einer und 2 Zehner. (Meral)

Meine Zahl hat 5 Zehner und 8 Einer. (Paul)

Meine Zahl hat 4 Zehner und 1 Einer mehr als Zehner. (Mai-Lin)

Meine Zahl hat 2 Zehner und genauso viele Einer. (Janek)

Meine Zahl hat 4 Zehner und doppelt so viele Einer. (Lea)

Meine Zahl hat 6 Einer und halb so viele Zehner. (Tim)

Meine Zahl hat 5 Einer und liegt neben 46. (Ole)

Meine Zahl liegt zwischen 70 und 80 und hat 5 Einer. (Max)

Meine Zahl liegt zwischen 40 und 50 und beide Ziffern sind gleich. (Lena)

2 Schreibe zu den vorgegebenen Zahlen selbst Zahlenrätsel. Stelle deine Rätsel einem anderen Kind oder in der Klasse vor. Vergleicht eure Rätsel.

a) 63   b) 48   c) 55   d) 85

Seite 18 Aufgabe 2

a) ...

Mit Ziffernkarten knobeln

1 Lea und Tim haben vier Ziffernkarten und legen damit zweistellige Zahlen. Löse ihre Zahlenrätsel. Schreibe alle Möglichkeiten auf.

a) *Meine Zahl hat an der Einerstelle eine 2. Wie kann sie heißen?*

b) *Meine Zahl hat an der Zehnerstelle eine 6. Wie kann sie heißen?*

Seite 19 Aufgabe 1
a) Tim: ... b) ...

2

a) Welche zweistelligen Zahlen kannst du aus diesen Ziffern zusammensetzen? Probiere und schreibe die Zahlen auf.

Seite 19 Aufgabe 2
a) 2 5, ... b) ...

b) Besprich mit einem anderen Kind, wie du vorgegangen bist.

3 2 5 7 9

a) Wie viele zweistellige Zahlen kannst du mit diesen Ziffernkarten legen? Finde die Lösung durch Überlegen.

Seite 19 Aufgabe 3
a) ... b) 2 5, ...

b) Überprüfe deine Lösung selbst. Schreibe dazu alle möglichen Zahlen auf.

c) Besprich mit einem anderen Kind, wie du vorgegangen bist.

∗ stellen zunehmend systematisch zweistellige Zahlen mit Ziffernkärtchen dar
∗ stellen Vermutungen über Zusammenhänge an und überprüfen diese
∗ nutzen Strukturen zur Anzahlbestimmung und übersetzen Probleme in ein mathematisches Modell

19

1	2	3	4	5	6	7	8	9	10
11	12	13	14	15	16	17	18	19	20
21	22	23	24	25	26	27	28	29	30
31	32	33	34	35	36	37	38	39	40
41	42	43	44	45	46	47	48	49	50
51	52	53	54	55	56	57	58	59	60
61	62	63	64	65	66	67	68	69	70
71	72	73	74	75	76	77	78	79	80
81	82	83	84	85	86	87	88	89	90
91	92	93	94	95	96	97	98	99	100

Ich kenne die Anordnung der Zahlen in der Hundertertafel. So finde ich jede Zahl, ohne dass ich noch suchen muss.

1 Suche die Zahlen und schreibe sie in dein Heft.

a) genau unter 65

b) genau über 68

c) rechts von 73

d) links von 97

e) 3 Kästchen unter 42

f) 2 Kästchen über 64

g) 5 Kästchen rechts von 31

h) 4 Kästchen links von 59

i) 4 Kästchen rechts von 32 und 3 Kästchen nach unten

k) 3 Kästchen über 57 und 2 Kästchen nach links

Seite 20 Aufgabe 1

a) 7 5   b) ...

2 Schau dir an, wie die Zahlen in der Hundertertafel angeordnet sind. Betrachte einzelne Zeilen und Spalten. Sprich mit einem anderen Kind darüber, was dir auffällt.

* stellen Vermutungen über mathematische Zusammenhänge und Auffälligkeiten an
* bestätigen oder widerlegen ihre Vermutungen anhand von Beispielen und im Austausch mit anderen Kindern

→ AH Seite 5

1 Bestimme die Zahlen, die hinter den Bildern versteckt sind.
Verwende beim Hefteintrag die Anfangsbuchstaben der Bilder.

1	2	3	4	5	6	7	8	9	10
11	12			❄					
	🐞						🦋		
			🐥			🍒			40
🎲					46				🍄
	52		🕐						
		🐘				🧤		🍎	
🦔								79	
			84		🍴				
							98		🥄

Seite 21 Aufgabe 1

B.:   1 5
M.:
Sch.:
V.:
K.:
W.:
P.:
U.:
E.:
H.:
A.:
I.:
G.:
L.:

2 Suche dir ein anderes Kind.
Stellt euch gegenseitig Aufgaben zur Hundertertafel.

Welche Zahl steht rechts vom Schmetterling?

29

★ übertragen ihre bisherigen Erkenntnisse und Vorgehensweisen auf ähnliche Sachverhalte
★ finden zu gegebenen mathematischen Modellen passende Fragestellungen und tauschen sich mit anderen Kindern aus

21

Zahlen und Wege auf der Hundertertafel finden

Die Pfeile beschreiben Wege auf der Hundertertafel. Jeder Pfeil bedeutet: ein Kästchen weitergehen.

1 Finde die Zielzahl. Versuche, den Weg in deiner Vorstellung zu gehen. Schreibe die Zielzahl auf.

<table>
<tr><td>Startzahl</td><td>Zielzahl</td><td>Startzahl</td><td>Zielzahl</td></tr>
</table>

a) 34 ↓↓↓→→→ ▢   b) 88 ←↑↑↑↑→ ▢

c) 44 ↓↓↓→→↑ ▢   d) 75 ↓→→→→↓ ▢

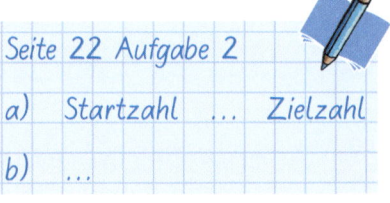

Seite 22 Aufgabe 1

a) ...

2 Finde einen Weg von der Startzahl zur Zielzahl. Notiere den Weg mit Pfeilen wie in Aufgabe **1**.

a) Startzahl 91, Zielzahl 85

b) Startzahl 2, Zielzahl 37

c) Startzahl 19, Zielzahl 71

Seite 22 Aufgabe 2

a) Startzahl   ...   Zielzahl

b) ...

3 Suche dir ein anderes Kind. Vergleicht eure Wege, die ihr für Aufgabe **2** aufgeschrieben habt.

4 Wege auf der Hundertertafel

a) Suche dir eine Startzahl und eine Zielzahl aus. Notiere den Weg mit Pfeilen wie in Aufgabe **1**.

b) Suche dir ein anderes Kind. Verdecke die Zielzahl. Das andere Kind soll die Zielzahl finden.

c) Stellt euch gegenseitig weitere Aufgaben. Versucht es auch, ohne eine Hundertertafel zu verwenden.

∗ stellen Zahlen im Zahlenraum bis 100 unter Anwendung der Struktur der Hundertertafel dar
∗ nutzen die Hundertertafel als Struktur zur Orientierung und Zahlerfassung im Zahlenraum bis 100
∗ übertragen ihre bisherigen Erkenntnisse und Vorgehensweisen auf ähnliche Sachverhalte

1 Schreibe auf, auf welche Zahlen die Pfeile zeigen.

a)
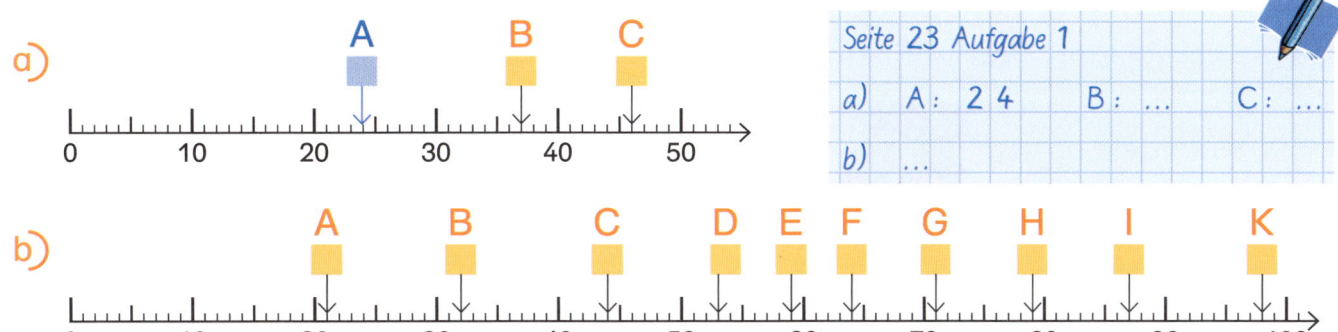

Seite 23 Aufgabe 1

a) A: 2 4   B: ...   C: ...

b) ...

b)
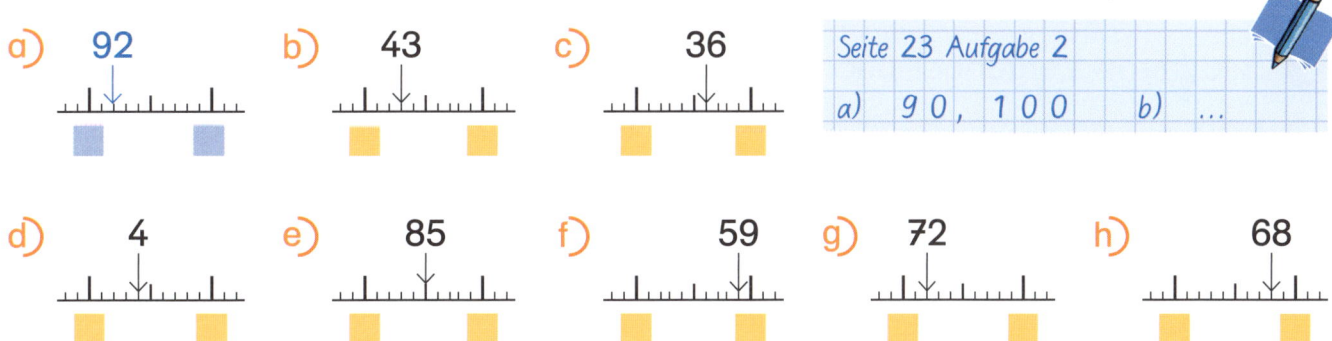

2 Schreibe die Zahlen auf, die in die Kästchen gehören.
Das sind die Nachbarzehner der Zahlen, auf die der Pfeil zeigt.

a) 92   b) 43   c) 36

Seite 23 Aufgabe 2

a) 9 0, 1 0 0   b) ...

d) 4   e) 85   f) 59   g) 72   h) 68

3 Zeichne mit dem Lineal einen Zahlenstrahl in dein Heft.
Zeichne nur für die 0 und die 100 einen Strich.
Trage ein, wo diese Zahlen ungefähr stehen. Vergleiche deine
Ergebnisse und dein Vorgehen mit einem anderen Kind.

a) 50, 38, 71, 83, 2

b) 25, 52, 98, 5, 75

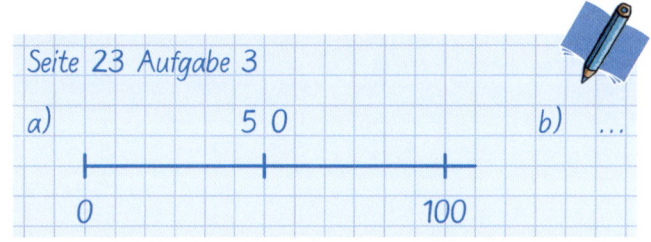

Seite 23 Aufgabe 3

a)   5 0   b) ...

0   100

$8 + 6 + 3$

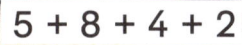
$5 + 8 + 4 + 2$

$3 + 4 + 8 + 1 + 2$

18

17

19

* nutzen den Zahlenstrahl als Struktur zur Orientierung und Zahlerfassung im Zahlenraum bis 100
* begründen Beziehungen zwischen Zahlen anhand des Zahlenstrahls

1 Suche dir ein anderes Kind.

Schreibe eine Zahl zwischen 0 und 100 auf. Dein Partner
nennt dir den Vorgänger und Nachfolger und schreibt diese auf.

2 Bestimme Vorgänger und Nachfolger.

a) ▧ 45 ▧   b) ▧ 75 ▧

c) ▧ 29 ▧   d) ▧ 94 ▧

Seite 24 Aufgabe 2

a) 4 4 , 4 5 , 4 6   b) ...

3 Bestimme die Zahl, die zwischen den beiden Zahlen liegt.

a) 18 ▧ 20   b) 56 ▧ 58

c) 98 ▧ 100   d) 41 ▧ 43

Seite 24 Aufgabe 3

a) 1 8 , 1 9 , 2 0   b) ...

4 Bestimme die beiden Nachbarzehner.

a) 57   b) 12   c) 35

d) 5   e) 93   f) 42

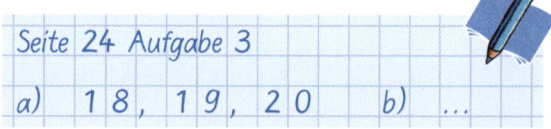

Seite 24 Aufgabe 4

a) 5 0 , 5 7 , 6 0   b) ...

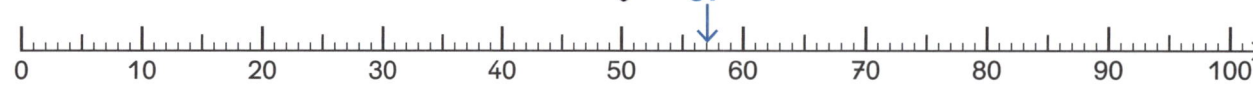

★ entdecken Zahlbeziehungen und beschreiben diese mit eigenen Worten
★ bearbeiten Aufgabenstellungen gemeinsam und verwenden geeignete Fachbegriffe und Anschauungsmodelle

1 Suche dir ein anderes Kind. Wählt eine Zahl zwischen 0 und 100 aus. Rollt einen Ball hin und her.

a) Zählt dabei von eurer Zahl aus abwechselnd laut vorwärts.

b) Zählt dabei von eurer Zahl aus abwechselnd laut rückwärts.

2 Ergänze die Zahlenfolgen und schreibe sie auf.

a) 34 ▪ ▪ 37 ▪ ▪ 40

b) 61 ▪ ▪ 58 ▪ ▪ 55

c) ▪ ▪ ▪ 70 ▪ ▪ 67

d) 27 ▪ ▪ 30 ▪ ▪ ▪

e) 72 ▪ ▪ ▪ 68 ▪ ▪ ▪ 64 ▪ ▪ 61

f) 99 ▪ ▪ ▪ ▪ 94 ▪ ▪ ▪ ▪ ▪ 88

g) ▪ ▪ ▪ ▪ 65 ▪ ▪ ▪ 61 ▪ ▪ 58

h) ▪ ▪ ▪ 40 ▪ ▪ ▪ 44 ▪ ▪ ▪ 48

> Seite 25 Aufgabe 2
> a) 3 4, 3 5, 3 6, 3 7, 3 8, 3 9, 4 0
> b) ...

3 Schreibe auf, welche Zahlenfolgen zueinander passen.

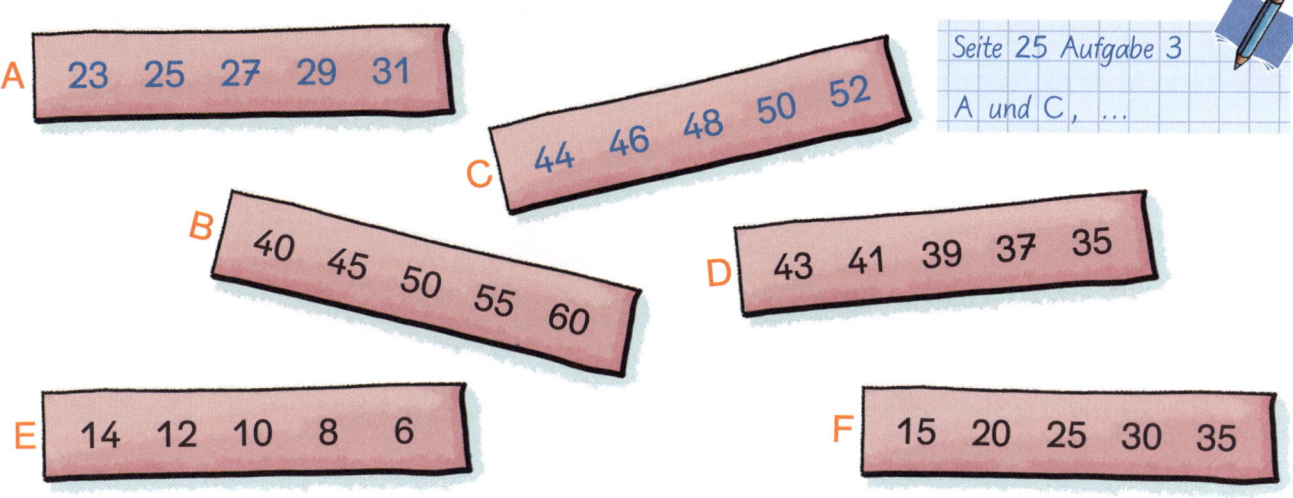

A   23 25 27 29 31

C   44 46 48 50 52

B   40 45 50 55 60

D   43 41 39 37 35

E   14 12 10 8 6

F   15 20 25 30 35

> Seite 25 Aufgabe 3
> A und C, ...

★ erkennen Strukturen von Zahlenfolgen und setzen sie fort
★ stellen Vermutungen über Zusammenhänge an und überprüfen diese
★ orientieren sich im Zahlenraum durch flexibles Zählen in Schritten

→ Ü Seite 5

1 Ergänze die Zahlenfolgen und schreibe sie auf.
Überlege zuerst, wie du von einer Zahl zur nächsten kommst.

a) 24 26 28 ■ ■ 34

b) 64 62 60 ■ ■ 54

c) ■ ■ ■ 52 ■ ■ 58 ■ ■ 64

d) 13 23 33 ■ ■ ■ ■ ■ ■ 103

e) 92 82 72 ■ ■ ■ ■ ■ ■ 2

f) 15 20 25 ■ ■ ■ ■ ■ 60

g) 70 65 60 ■ ■ ■ ■ ■ 25

h) ■ ■ ■ ■ ■ ■ ■ ■ ■

i) ■ ■ ■ ■ ■ ■ ■ ■

Seite 26 Aufgabe 1

a)   immer 2 mehr

      2 4 , 2 6 , 2 8 , 3 0 ,

      3 2 , 3 4

b)   ...

k) Beschreibe einem anderen Kind, wie du beim Ergänzen der Zahlenfolgen
vorgegangen bist.

2 Suche dir ein anderes Kind. Schreibt beide abwechselnd den Anfang einer Zahlenfolge auf. Das Partnerkind muss diese dann fortsetzen.

3 Wie viele Zahlen musst du vorgeben, damit dein Partner die Zahlenfolge
fortsetzen kann?

* stellen Vermutungen über Zusammenhänge an
* bestätigen oder widerlegen ihre Vermutungen anhand von Beispielen
* bearbeiten Aufgaben gemeinsam und setzen eigene und fremde Standpunkte in Beziehung

 1 Suche dir ein anderes Kind. Jeder von euch zeichnet eine Stellentafel in sein Heft. Tragt eure Würfelergebisse in die Stellentafel ein.

Würfelt abwechselnd mit 2 Würfeln. Jeder würfelt insgesamt 6-mal. Findet dann in euren Häusern die größte Zahl und markiert sie. Gewonnen hat der, in dessen Haus die größte Zahl steht.

 2 Tausche dich mit deinem Partnerkind aus:

a) Wie bist du beim Eintragen vorgegangen?

b) Welche Zahlen musst du würfeln, um zu gewinnen?

c) Welche Zahlen musst du würfeln, wenn die kleinste Zahl gewinnt?

* stellen Vermutungen über Zusammenhänge an
* bestätigen oder widerlegen ihre Vermutungen anhand von Beispielen
* bearbeiten Aufgaben gemeinsam und setzen eigene und fremde Standpunkte in Beziehung

 1 Suche dir ein anderes Kind. Schreibt zwei Zahlen auf zwei Zettel.
Vergleicht die Zahlen. Verwendet Zettel mit <, > und =.

2 Setze die Zeichen <, > oder = passend ein.

a) 26 ● 28   b) 86 ● 92

c) 32 ● 41   d) 57 ● 57

Seite 28 Aufgabe 2

a) 2 6 < 2 8   b) ...

3 Setze passende Zahlen ein und schreibe sie auf.

a) 34 < ▮   b) 48 > ▮   c) 52 > ▮

d) 81 < ▮   e) 76 < ▮   f) 99 < ▮

Seite 28 Aufgabe 3

a) 3 4 < ...   b) ...

4 Ordne die Zahlen der Größe nach.

a) Beginne mit der kleinsten Zahl.

| 75 35 83 42 56 28 47 64 |

b) Beginne mit der größten Zahl.

| 34 17 91 81 69 48 31 45 |

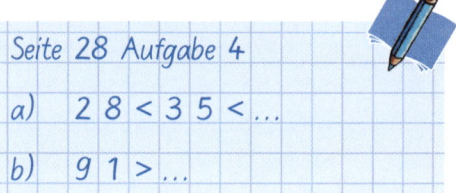

Seite 28 Aufgabe 4

a) 2 8 < 3 5 < ...

b) 9 1 > ...

| 7 + 8 − 2 | | 8 + 6 + 5 − 4 | | 5 + 6 + 3 − 8 + 5 |

 15   13   11

* erklären Beziehungen an Beispielen und vollziehen Begründungen anderer nach
* orientieren sich im Zahlenraum bis 100 durch Ordnen und Vergleichen
* bearbeiten Aufgaben gemeinsam und setzen eigene und fremde Standpunkte in Beziehung

→ AH Seite 7

Zahlen vergleichen

1 Schreibe immer die kleinste Zahl auf.

a)
65	16
36	72

b)
84	28
48	13

c)
14	34
41	43

d)
28	36
45	95

e)
34	45
54	43

f)
68	78
28	58

g)
56	59
58	57

h)
27	23
72	32

Seite 29 Aufgabe 1
a) 1 6   b) ...

2 Schreibe immer die größte Zahl auf.

a)
75	27
47	83

b)
95	39
59	24

c)
25	35
52	53

d)
18	26
35	82

e)
64	45
54	46

f)
78	98
38	68

g)
46	47
45	48

h)
23	72
27	32

Seite 29 Aufgabe 2
a) 8 3   b) ...

3 Schreibe die passenden Zahlen der Größe nach geordnet in dein Heft.
Beginne mit der kleinsten passenden Zahl.

a)
< 20
kleiner als 20

12	31	22	11
41	13	9	21
18	81	56	19

b)
> 35
größer als 35

45	25	28	53
38	43	44	37
40	33	10	61

Seite 29 Aufgabe 3
a) 9 , ...   b) ...

c)
< 50
kleiner als 50

25	46	48	65
39	51	72	27
61	28	49	44

d)
> 80
größer als 80

18	61	69	99
81	95	83	91
88	79	58	78

e)
< 65
kleiner als 65

60	70	80	90
69	59	64	66
71	68	67	48

(Großes Bild: Sitzplätze mit Nummern)

95
85
75
66
58
44
34
39

11 12 13 14 15

1 2 3 4 5   6 7 8

10. Reihe
9. Reihe
8. Reihe
7. Reihe
6. Reihe
5. Reihe
4. Reihe
3. Reihe
2. Reihe
1. Reihe

1 Schreibe auf, welche Plätze bereits belegt sind.

> Seite 30 Aufgabe 1
>
> belegte Plätze: 1. Reihe: Platz 9, ...
>
> 2. Reihe: ...

2 Schreibe auf, wie viele Stühle noch fehlen.

a) in der 7. Reihe

b) in der 8. Reihe

c) in der 9. Reihe

d) in der 10. Reihe

> Seite 30 Aufgabe 2
>
> a) 7. Reihe: 3   b) ...

★ übertragen ihre bisherigen Kenntnisse über Ordnungszahlen in den erweiterten Zahlenraum
★ übersetzen Problemstellungen aus Sachsituationen in die Sprache der Mathematik

Große Zahlen halbieren

1 Suche dir ein anderes Kind. Wählt mehrere Zahlen zwischen
1 und 100 aus. Legt die Zahlen. Versucht, die Zahlen zu halbieren.

2 Versuche, die Zahlen in zwei gleiche Teile zu zerlegen.
Schreibe dein Ergebnis auf.

a)

Seite 31 Aufgabe 2

a) $37 = 19 + 18$ 37 kann man nicht halbieren.

b) $52 = 26 + 26$ 52 kann man halbieren.

b)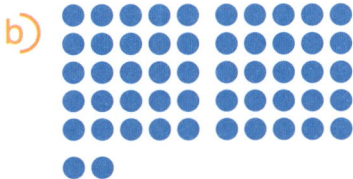

c)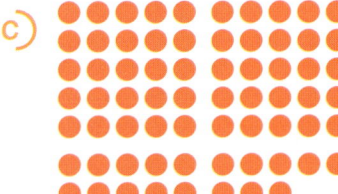

d)

e)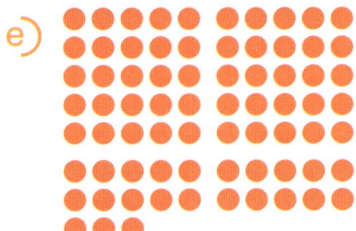

f)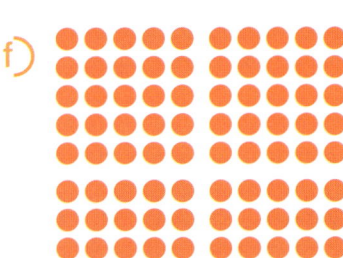

g)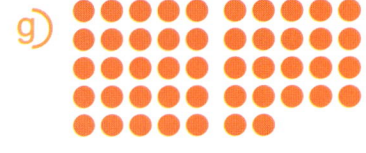

 3 Besprich mit einem anderen Kind, welche Gemeinsamkeit die Zahlen
haben, die du halbieren kannst.

★ übertragen ihre bisherige Vorgehensweise beim Halbieren von Zahlen auf den erweiterten Zahlenraum
★ wechseln zwischen verschiedenen Darstellungsformen
★ bearbeiten Aufgabenstellungen gemeinsam und setzen eigene und fremde Standpunkte in Beziehung

Gerade und ungerade Zahlen erkennen

Ich schaue auf die Einer.

Zahlen, die ich in 2 gleiche Teile zerlegen kann, sind gerade Zahlen.

35 ist eine ungerade Zahl.

36 ist eine gerade Zahl.

1 Ordne nach geraden und ungeraden Zahlen.

a)
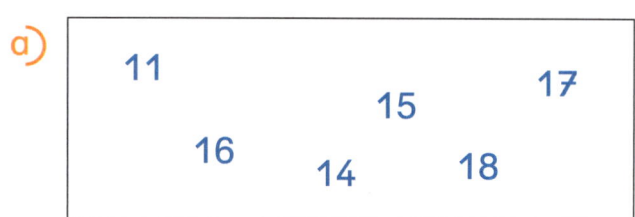

11
15
17
16
14
18

Seite 32 Aufgabe 1

a)   gerade Zahlen: 1 4 , 1 6 , 1 8
     ungerade Zahlen: 1 1 , 1 5 , 1 7
b)   ...

b)
22   23   29
21   20   24

c)
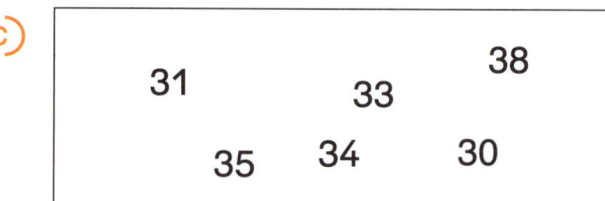

31   38
     33
35   34   30

d)
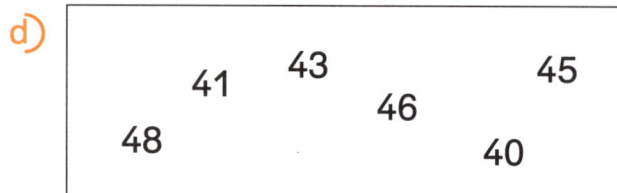

41 43   45
      46
48   40

e)
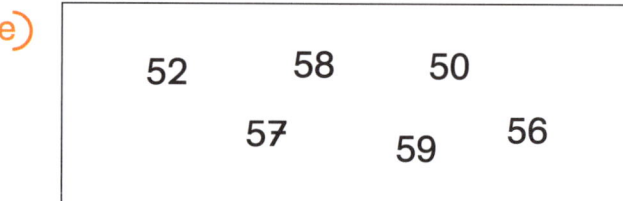

52   58   50
   57   56
      59

f)
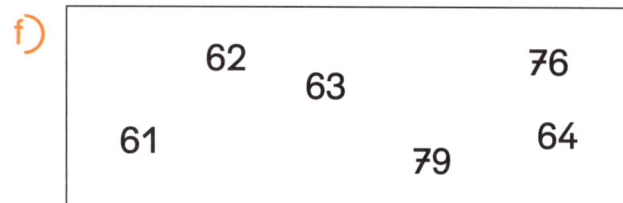

62   76
   63
61   64
   79

g)
89   85   98
                86
   82
      90

2 Besprich mit einem anderen Kind, wie du ohne Legen oder Zeichnen erkennen kannst, welche Zahl gerade und welche Zahl ungerade ist.

| $13 - 5 + 4$ | $14 - 7 + 5 - 2$ | $15 - 8 + 3 + 4 - 7$ |

12
7
10

★ stellen Vermutungen über mathematische Zusammenhänge an
★ erklären Beziehungen und Gesetzmäßigkeiten an Beispielen und vollziehen Begründungen anderer nach
★ überprüfen Vermutungen anhand von Beispielen

→ Ü Seite 6

Hausnummern notieren

1 Notiere die Hausnummern
von folgenden Gebäuden:

A Bäckerei
B Blumenladen
C Metzgerei

Seite 33 Aufgabe 1

A: 6 3   B: ...   C: ...

2 Schreibe die Hausnummern der linken
und der rechten Straßenseite auf.
Setze fort.

Seite 33 Aufgabe 2

linke Straßenseite: 6 1, 6 3, ...

rechte Straßenseite: 6 0, 6 2, ...

3 Ordne folgende Hausnummern
der rechten oder linken Straßenseite zu.

rechte Straßenseite: gerade Zahlen
linke Straßenseite: ungerade Zahlen

Seite 33 Aufgabe 3

rechte Straßenseite: 1 8, ...

linke Straßenseite: 1, ...

Einem Bild Informationen entnehmen

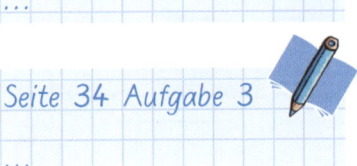

1 Ergänze die folgenden Sätze.

a) Im Schwimmerbecken sind ■ Personen.

b) Vor der Rutsche warten ■ Kinder.

c) Auf Tims Eiswaffel sind ■ Kugeln Eis.

d) Am Sonntag öffnet das Freibad um ■ Uhr.

e) Auf der Wiese spielen ■ Kinder Fußball.

f) Eine Kugel Eis kostet ■ __ .

g) Der Bademeister trägt eine __ Hose.

Seite 34 Aufgabe 1

a)   5 Personen

b)   ... Kinder

c)   ...

2 Schreibe auf, was du noch auf dem Bild entdeckst.

Seite 34 Aufgabe 2

...

3 Überlege mit einem anderen Kind, wie viele Kinder das Freibad wohl an einem Tag besuchen. Begründet eure Vermutung.

Seite 34 Aufgabe 3

...

* entnehmen Informationen aus Bildern und unterscheiden zwischen relevanten und nicht relevanten Informationen
* ziehen relevante Informationen zur Beantwortung von mathematisch sinnvollen Fragen heran

→ AH Seite 8

Einer Tabelle Informationen entnehmen

Ausleihe in der Klassenbücherei der Klasse 2a:

Klasse 2a	Sachbücher	Tiergeschichten	Abenteuergeschichten
1. Halbjahr	9	15	12
2. Halbjahr	17	7	16
insgesamt	26	22	28

 1 Besprich mit einem anderen Kind,
welche Informationen du in der Tabelle entdeckst.

2 Vergleiche die Ausleihen
im 1. und im 2. Halbjahr.
Was findest du heraus?
Schreibe es auf. Verwende
immer „… mehr als …" und
„… weniger als …".

> Seite 35 Aufgabe 2
>
> Im 2. Halbjahr wurden 8 Sachbücher
> mehr ausgeliehen als im 1. Halbjahr.
> …

3 Beantworte die Fragen.
Schreibe als Antwort immer einen ganzen Satz.

a) Wie viele Sachbücher wurden
im 2. Halbjahr ausgeliehen?

b) Wie viele Tiergeschichten
wurden insgesamt ausgeliehen?

c) Wie viele Abenteuergeschichten
wurden im 1. Halbjahr ausgeliehen?

> Seite 35 Aufgabe 3
>
> a) Im 2. Halbjahr wurden 17 Sachbücher.
>   ausgeliehen.
> b) …

4 Finde eine eigene Frage
zu der Tabelle.
Beantworte sie in einem Satz.

> Seite 35 Aufgabe 4
>
> …

★ entnehmen einer Tabelle relevante Informationen
★ ziehen relevante Informationen zur Beantwortung von mathematisch sinnvollen Fragen heran
★ finden selbst Fragestellungen zu vorgegebenen Sachsituationen

35

Einem Säulendiagramm Informationen entnehmen

Ich habe 22 Kindern verschiedene Fragen gestellt und eine Strichliste erstellt. Die Ergebnisse habe ich in einem Säulendiagramm dargestellt. Für jeden Strich habe ich ein Kästchen ausgemalt.

Mädchen: IIII IIII II
Jungen: IIII IIII
6 Jahre: III
7 Jahre: IIII IIII II
8 Jahre: ...
:

Säulendiagramm-Achsenbeschriftungen: Jungen, Mädchen, dunkle Haare, helle Haare, blaue Augen, braune Augen, andere Farbe, Fußball, lesen, schwimmen, andere, 6 Jahre, 7 Jahre, 8 Jahre

① In dem Säulendiagramm kannst du viele Informationen ablesen.
Ergänze die folgenden Sätze.

a) Die meisten Kinder sind ▇ Jahre alt.

b) Das beliebteste Hobby ist ▇.

c) Die wenigsten Kinder haben ▇ Augen.

d) Es gibt mehr Kinder mit ▇ Haaren als mit ▇ Haaren.

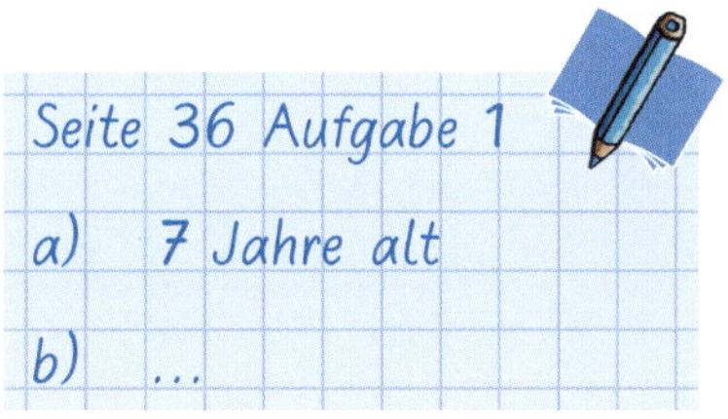

Seite 36 Aufgabe 1
a)   7 Jahre alt
b)   ...

② Schreibe weitere Informationen auf,
die du dem Säulendiagramm entnehmen kannst.

Seite 36 Aufgabe 2
...

③ Überlege dir eigene Fragen und frage die Kinder in deiner Klasse.
Erstelle Strichlisten und zeichne Säulendiagramme.
Stelle deine Ergebnisse in der Klasse vor.

★ entnehmen einem Säulendiagramm relevante Informationen
★ ziehen relevante Informationen zur Beantwortung von mathematisch sinnvollen Fragen heran
★ erklären Beziehungen zwischen den relevanten Informationen an selbst gewählten Beispielen

→ Ü Seite 7

In der Klasse 2a sind 26 Kinder. In der Klasse 2b sind es 28.

In der Pause essen von 54 Kindern 15 Kinder Obst. 18 Kinder essen Brote und 10 Kinder essen Müsli-Riegel. Die anderen Kinder essen nichts.

Am Sporttag der 2. Klassen gehen 15 Kinder ins Freibad und 17 Kinder auf den Sportplatz. 18 Kinder gehen zum Turnen in die Sporthalle. Einige Kinder sind krank.

1 Auf welchem Zettel findest du die passenden Informationen?
Notiere die Farbe des Zettels, auf dem du die Information findest.

a) In der Klasse 2a sind 26 Kinder.

b) 15 Kinder essen in der Pause Obst.

c) 18 Kinder essen in der Pause Brote.

d) Am Sporttag gehen 18 Kinder zum Turnen in die Turnhalle.

e) In der Klasse 2b sind 28 Kinder.

f) Einige Kinder essen in der Pause nichts.

Seite 37 Aufgabe 1
a) Rot   b) ...

2 Auf den Zetteln findest du weitere Informationen.
Ergänze die Aussagen.

a) Auf dem roten Zettel:
In der Klasse 2b sind ■ Kinder. In der Klasse 2a sind ■ Kinder weniger als in der Klasse 2b.

Seite 37 Aufgabe 2
a) 2 8, 2
b) ...

b) Auf dem blauen Zettel:
In der Pause essen ■ Kinder Müsli-Riegel.
■ Kinder mehr essen Brote.

c) Auf dem gelben Zettel:
Am Sporttag gehen ■ Kinder auf den Sportplatz.
Am Sporttag gehen ■ Kinder mehr auf den Sportplatz als ins Freibad.

→ AH Seite 9

✳ entnehmen in Textform dargestellten Beschreibungen relevante Informationen
✳ beziehen relevante Informationen und vorgegebene Aussagen aufeinander

Ich habe 30 Sticker. 10 Sticker fehlen mir noch.

Heute habe ich 10 € geschenkt bekommen. Jetzt habe ich 40 €.

Beim Fußballturnier habe ich in 5 von 7 Spielen mitgespielt.

Dieses Jahr darf ich zu meinem Kindergeburtstag 8 Kinder einladen. Das sind 2 Kinder mehr als im letzten Jahr.

Jetzt habe ich 40 Tierpostkarten. Vor einem Monat hatte ich erst die Hälfte.

Für meinen Schulweg brauche ich 15 Minuten. Wenn ich mich beeile, bin ich 5 Minuten schneller.

1 Ordne die Fragen den Kindern zu.
Ergänze dann die Sätze.

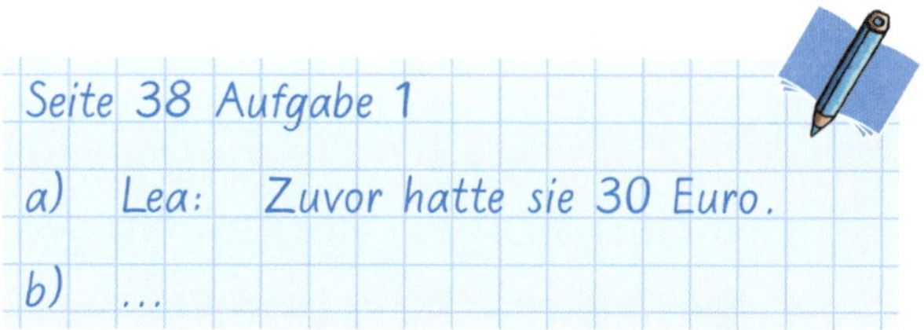

a) Wer hat 10 € geschenkt bekommen?
Zuvor hatte sie ▇ Euro.

Seite 38 Aufgabe 1
a) Lea: Zuvor hatte sie 30 Euro.
b) ...

b) Wer hat jetzt 40 Tierpostkarten?
Vor einem Monat waren es ▇.

c) Wer braucht für den Schulweg 15 Minuten?
Wenn das Kind sich beeilt, benötigt es ▇ Minuten für den Schulweg.

d) Wer hat bei einem Fußballturnier in 5 Spielen mitgespielt?
Bei ▇ Spielen war das Kind nicht dabei.

e) Welches Kind hat bereits 30 Sticker gesammelt?
Insgesamt gibt es ▇ verschiedene Sticker.

f) Welches Kind darf zum Kindergeburtstag 8 Kinder einladen?
Im letzten Jahr durfte es ▇ Kinder einladen.

★ entnehmen in Textform dargestellten Beschreibungen relevante Informationen
★ beziehen relevante Informationen und vorgegebene Aussagen aufeinander

1 Hier siehst du das Gemälde „Burg und Sonne" von Paul Klee.

 a) Betrachte zusammen mit einem anderen Kind das Bild. Welche Formen entdeckt ihr?

b) Du kannst selbst ein Bild wie Paul Klee gestalten.

c) Vergleiche mit einem anderen Kind die Bilder und sprecht darüber.

2 Suche alle Dreiecke und zähle sie.

a) 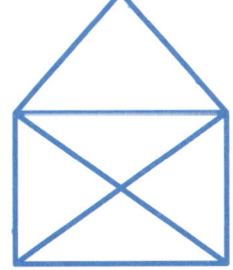 b) 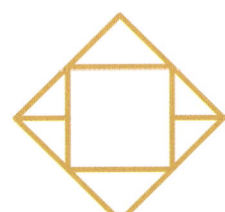 c)

Seite 39 Aufgabe 2

a) 9   b) …

3 Suche alle Quadrate und zähle sie.

a) 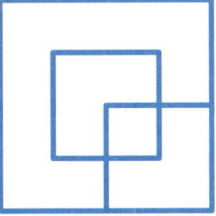 b) 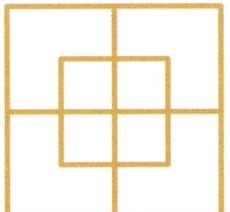 c)

Seite 39 Aufgabe 3

a) 4   b) …

4 Suche alle Quadrate und Dreiecke. Zähle sie.

a) 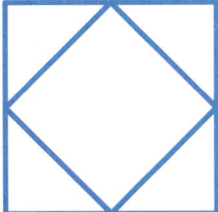 b) 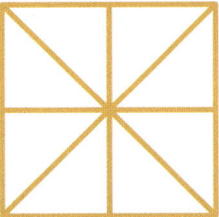 c)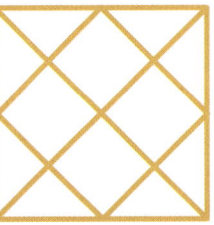

Seite 39 Aufgabe 4

a) 4 Dreiecke, 2 Quadrate

b) …

5 Vergleiche deine Ergebnisse bei den Aufgaben **2** bis **4** mit denen anderer Kinder.

→ AH Seite 10
→ Ü Seite 8

★ entdecken Grundfiguren in Darstellungen aus der Kunst und benennen diese mit geeigneten Fachbegriffen

★ entdecken in komplexen Darstellungen die Anzahl verwendeter Grundformen

1 Zeichne die Figuren.
Du darfst den Stift dabei
nicht absetzen.
Du darfst keine Linie
zweimal zeichnen.

Tipp: Zeichne die Figuren
erst dann, wenn du die
Lösung gefunden hast.

> Ich fahre
> die Linien so lange mit
> dem Finger nach, bis ich
> die Lösung habe.

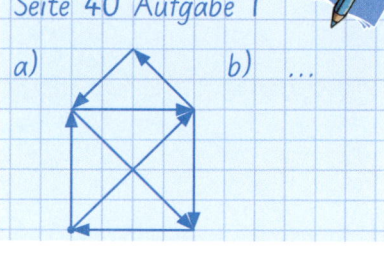

Seite 40 Aufgabe 1
a)   b)   ...

a)

b)

c)

d)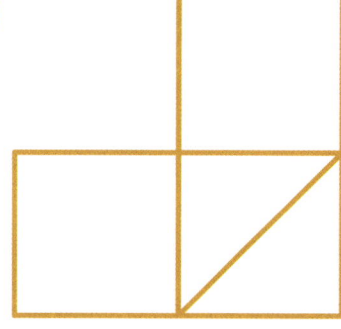

e)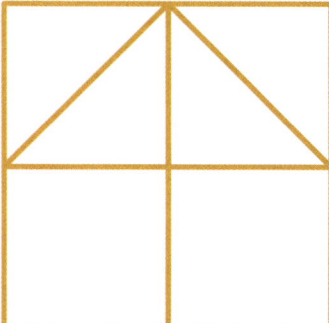

f)

  $11 + 5 - 8$ $12 + 6 - 9 + 5$ $7 + 6 - 8 + 2 - 5$ 14   8   2

★ zeichnen ebene Figuren frei
★ probieren zunehmend systematisch und zielorientiert

Muster abzeichnen

1 Wähle jeweils mindestens ein Muster aus und zeichne es in dein Heft.

a) Muster aus Dreiecken

Seite 41 Aufgabe 1

b) Muster aus Rechtecken

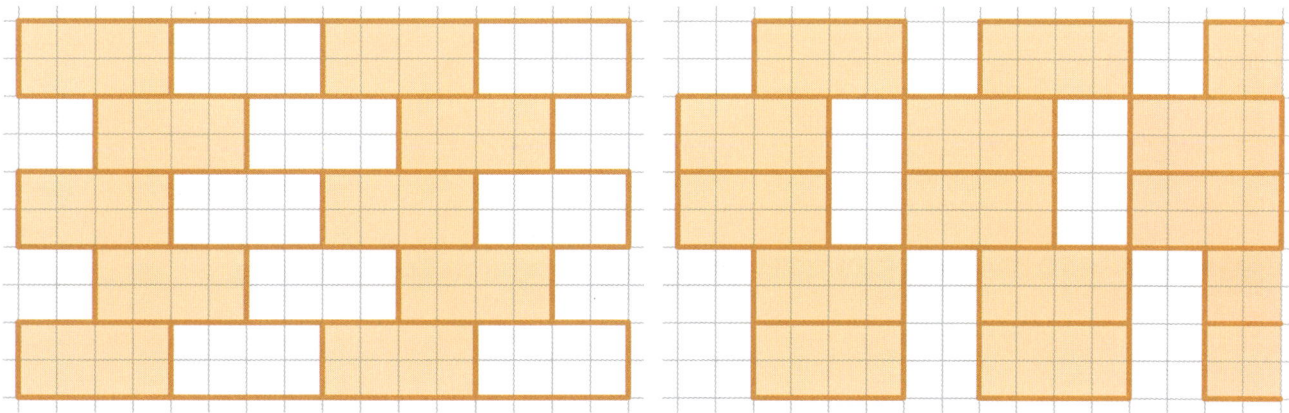

c) Muster aus Quadraten

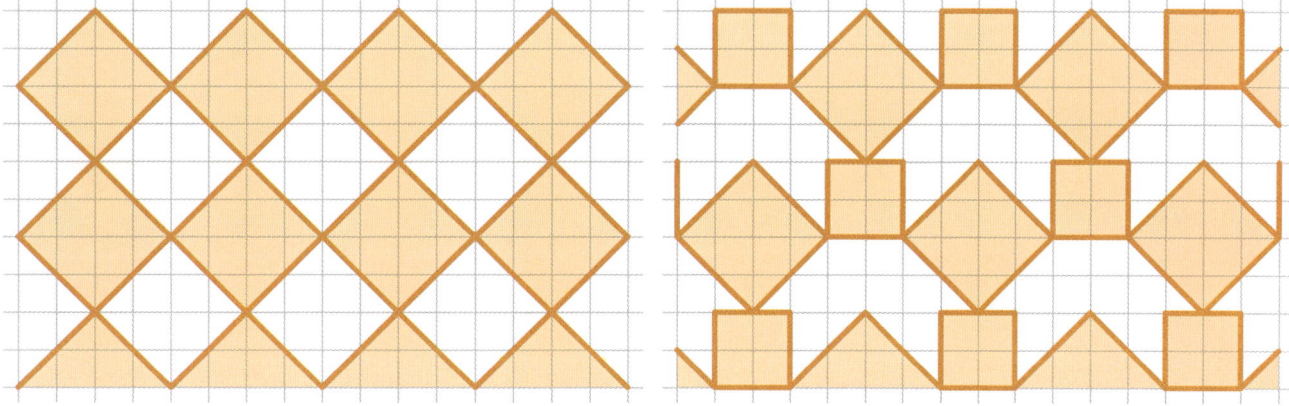

 2 Zeichne ein eigenes Muster in dein Heft.
Verwende Dreiecke, Rechtecke und Quadrate.
Stelle dein Muster einem anderen Kind vor.
Beschreibe es und begründe, warum es ein Muster ist.

Seite 41 Aufgabe 2
...

→ AH Seite 11

★ übertragen Muster und beschreiben sie
★ erfinden eigene Muster und nutzen dafür die Struktur des Gitterpapiers

1 Zeichne mindestens zwei Reihen in dein Heft und setze sie fort.

a)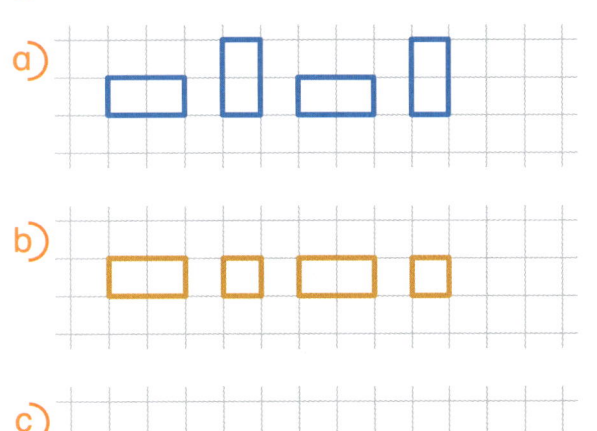

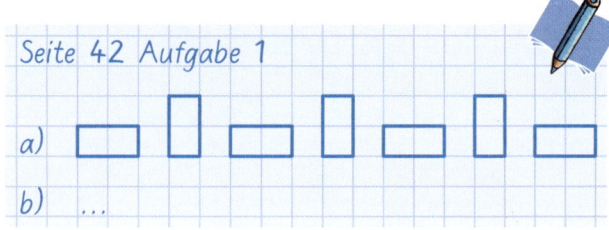

Seite 42 Aufgabe 1

a)

b) ...

b)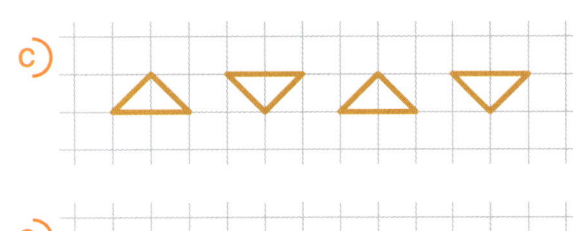

c)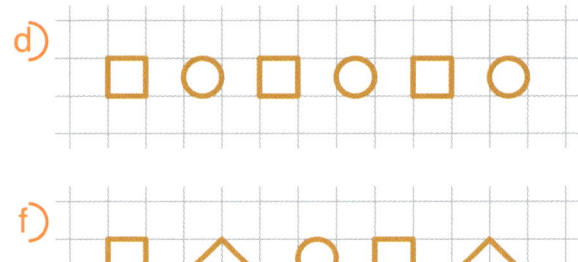

d)

e)

f)

2 Finde heraus, welches Bild nicht in die Reihe passt.

a)

5€	20€	10€	10ct	50€
1	2	3	4	5

Seite 42 Aufgabe 2

a)   4   b)   ...

b)

c)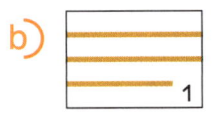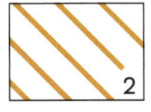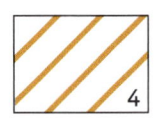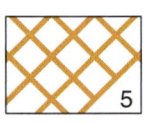

d)

1112	1113	1114	1151	1116
1	2	3	4	5

e)

f)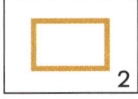

★ stellen Vermutungen über Zusammenhänge und Auffälligkeiten an
★ erkennen Strukturen in Reihen und finden unpassende Elemente

→ Ü Seite 9

Reihen fortsetzen

1 Setze die Reihen fort. Zeichne sie in dein Heft.

a)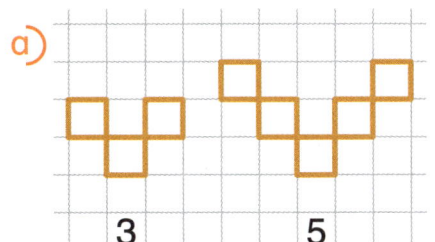

3   5

b)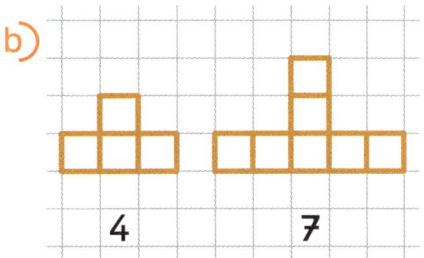

4   7

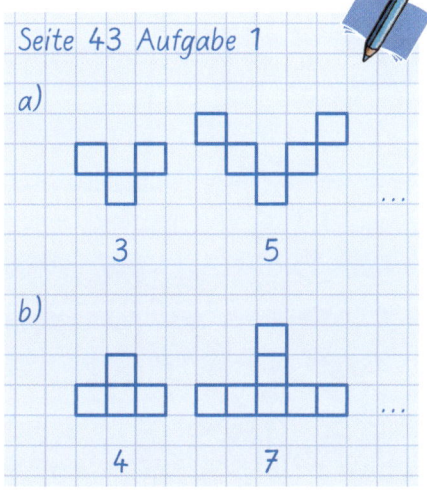

Seite 43 Aufgabe 1

a)

3   5

b)

4   7

2

a) Zeichne die Reihe in dein Heft
und setze sie bis zum 5. Bild fort.

b) Bestimme, ohne zu zeichnen, im Kopf:
Das 8. Bild hat ▮ Kästchen.

c) Ole sagt: „Das 10. Bild hat genau 100 Kästchen."
Überlege, ob Ole recht hat.

Seite 43 Aufgabe 2

a)

3

a) Zeichne die Reihe in dein Heft
und setze sie bis zum 5. Bild fort.

b) Bestimme, ohne zu zeichnen, im Kopf:
Das 8. Bild hat ▮ Kästchen.

c) Tim sagt: „Das war ganz einfach.
Das wusste ich schon aus der Aufgabe **2**."
Überlege, wieso Tim das wusste.

Seite 43 Aufgabe 3

a)

4 Zeichne den Anfang einer eigenen Reihe.
Ein anderes Kind setzt deine Reihe fort.

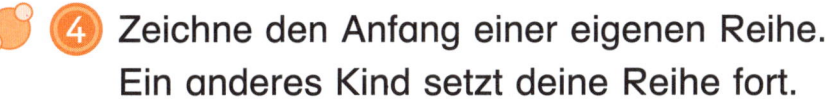

Seite 43 Aufgabe 4

...

★ hinterfragen mathematische Aussagen und prüfen diese auf Korrektheit
★ erkennen mathematische Zusammenhänge und entwickeln Vermutungen
★ suchen nach Begründungen und vollziehen diese nach

1 Beschreibe einem anderen Kind, wie die Kinder gehen. Stelle dir dabei vor, du gehst die Wege wie die Kinder. Zeichne Pfeile und beschreibe mit Worten: →: rechts   ←: links   ↑: geradeaus

a) ⟶ Tims Weg zu den Nashörnern

b) ⟶ Majas Weg zu den Kamelen

c) ⟶ Leas Weg zu den Nashörnern

d) ⟶ Janeks Weg zu den Pinguinen

Seite 44 Aufgabe 1

a)   Tims Weg: ↑←→→

     geradeaus, links, rechts, rechts

b)   Majas Weg: ...

2 Die Kinder sehen den Kiosk von unterschiedlichen Seiten. Schreibe auf, bei welchen Buchstaben die Kinder stehen.

Tim sieht:

Lea sieht: Maja sieht: Janek sieht:

Seite 44 Aufgabe 2

Tim: B   Lea: ...

* beschreiben Wege und Lagebeziehungen zwischen bildlich dargestellten Gegenständen
* orientieren sich auf einem Lageplan
* beschreiben räumliche Beziehungen anhand von bildhaften Darstellungen und aus der Vorstellung

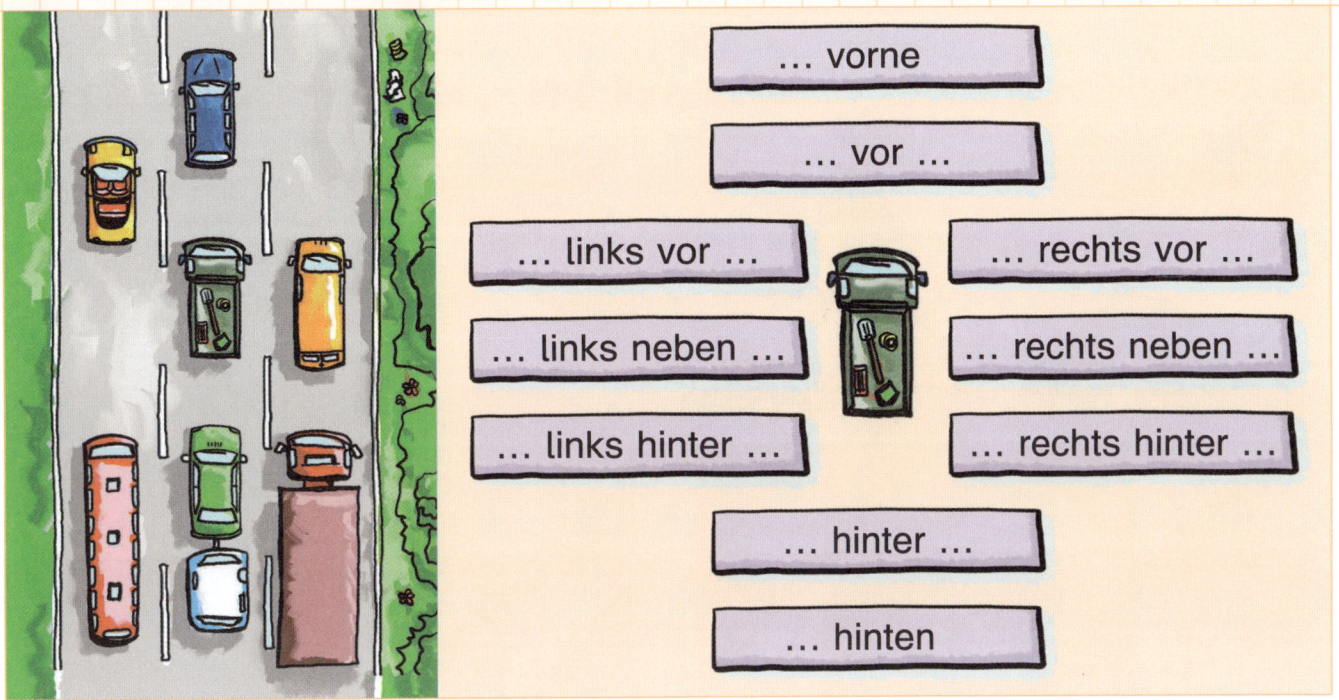

... vorne

... vor ...

... links vor ...   ... rechts vor ...

... links neben ...   ... rechts neben ...

... links hinter ...   ... rechts hinter ...

... hinter ...

... hinten

1 Trage passend ein.

a)  ist ...

b)  ist ...

c)  ist ...

d) 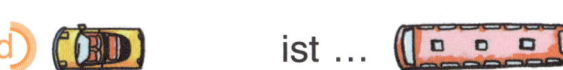 ist ...   e)  ist ...

f)  ist ...   g) ist ...

Seite 45 Aufgabe 1

a) ist links vor

b) ...

2 Suche dir ein anderes Kind.
Stellt zwei Autos unterschiedlich auf.
Beschreibt abwechselnd, wie sie stehen.

Beide Autos
stehen zwischen
uns.

Mein rotes Auto
steht links neben mir.
Es ist rechts neben deinem
grünen Lastwagen.

✶ nehmen praktisch und in der Vorstellung verschiedene Perspektiven ein,
um Ansichten und Lagebeziehungen zu beschreiben

→ Ü Seite 10   ✶ bearbeiten Aufgabenstellungen gemeinsam und setzen eigene und fremde Standpunkte in Beziehung   45

1 Suche die symmetrischen Figuren und schreibe sie auf.

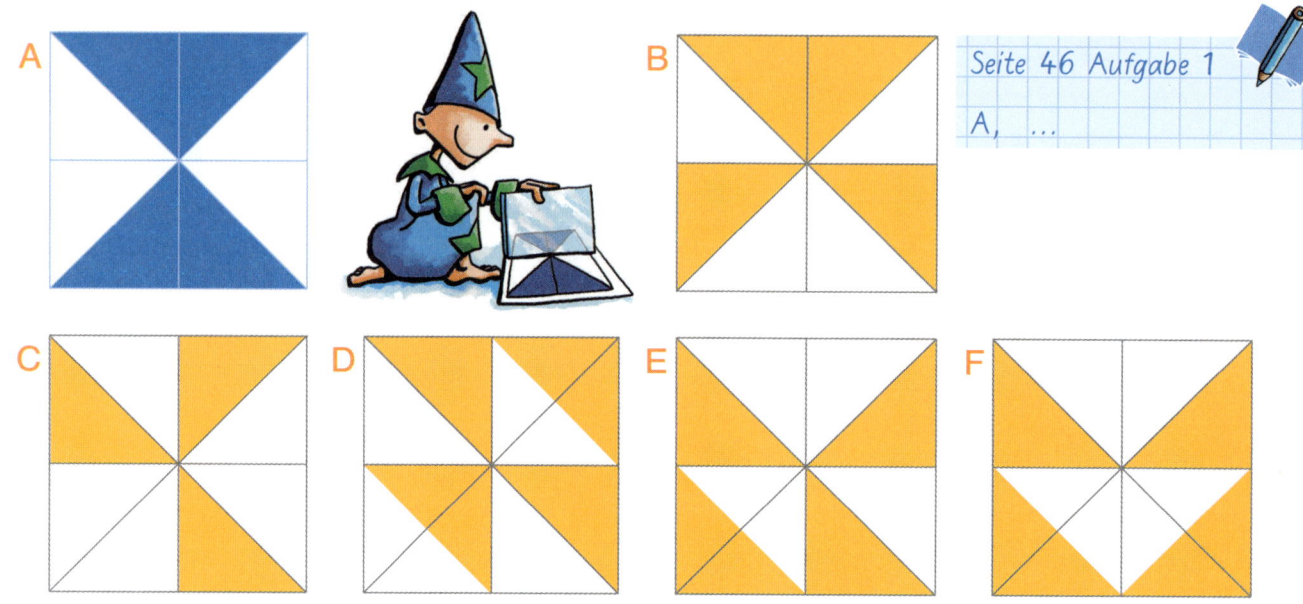

Seite 46 Aufgabe 1

A, ...

2 Suche die symmetrischen Figuren und schreibe sie auf.

Seite 46 Aufgabe 2

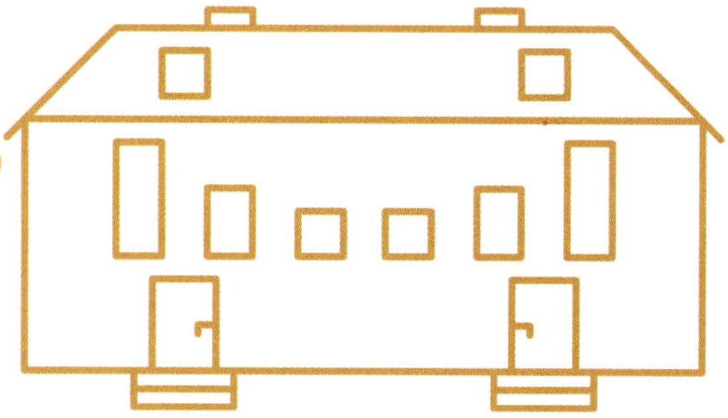

A, ...

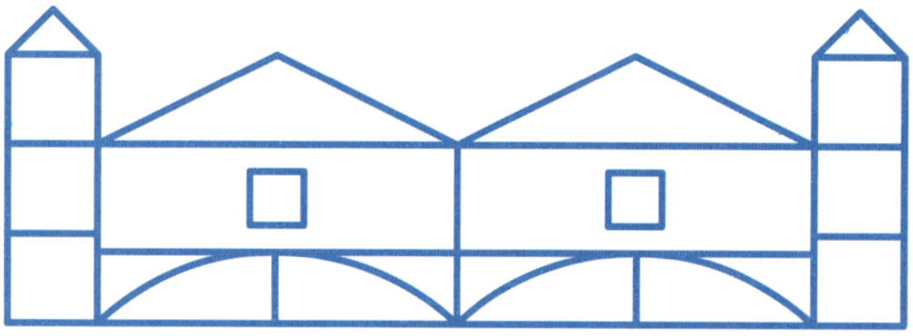

3 Besprich deine Ergebnisse in den Aufgaben **1** und **2** mit einem anderen Kind. Begründe deine Entscheidungen.

* überprüfen komplexe ebene Figuren auf Achsensymmetrie
* stellen Vermutungen über Auffälligkeiten an
* bestätigen oder widerlegen ihre Vermutungen

→ AH Seite 12

Symmetrische Figuren ergänzen

1 Immer zwei Hälften ergeben ein Spiegelbild.
Ordne die Hälften richtig zu.

Seite 47 Aufgabe 1
A – 4, ...

A 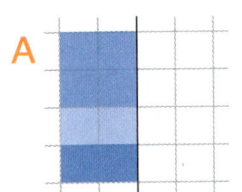 B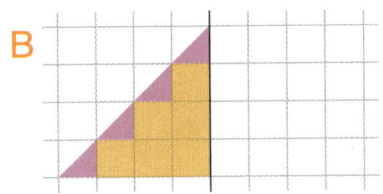

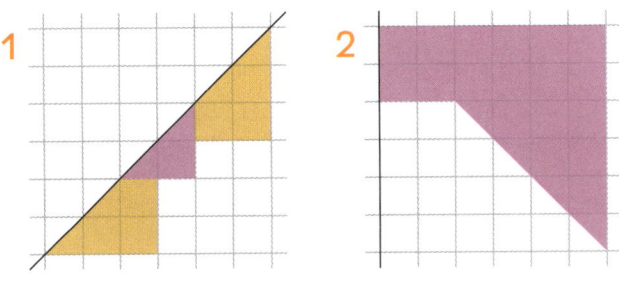

1   2

C D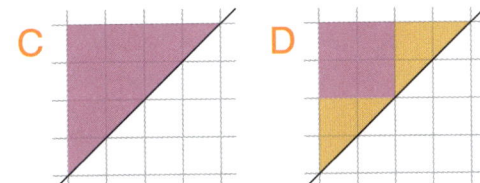

3   4

E F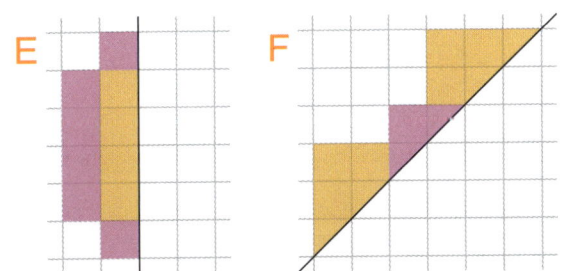

5 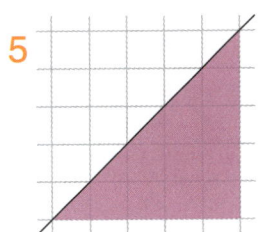   6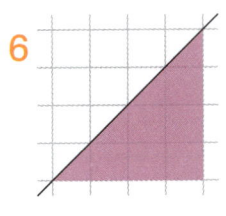

G H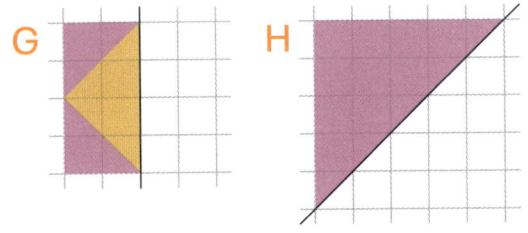

7 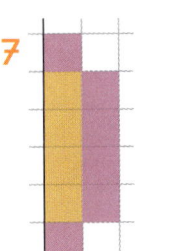   8 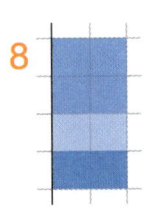   9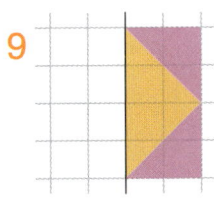

I

→ AH Seite 13
→ Ü Seite 11

★ überprüfen komplexe ebene Figuren auf Achsensymmetrie
★ stellen Vermutungen über Auffälligkeiten an
★ bestätigen oder widerlegen ihre Vermutungen

1 Finde die symmetrischen Buchstaben.
Überprüfe mit dem Spiegel.
Schreibe die symmetrischen Buchstaben auf.

M E   A L

W V   F I

2 Finde andere symmetrische Buchstaben.
Schreibe sie in dein Heft.

3 Schreibe die Wörter in dein Heft. Zeichne die Spiegelachsen ein.

a) OTTO b) AHA c) OHO

d) HEXE e) OBOE f) IMI

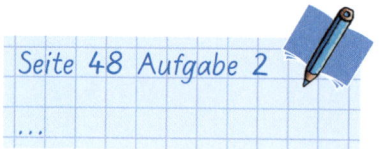

4 Ergänze die halben Wörter mit dem Spiegel
und schreibe den Satz in dein Heft.

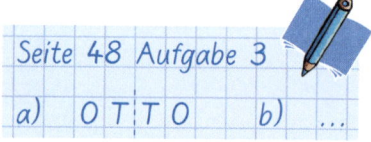

HEIKE HOB DIE HEXE HOCH

5 Lies die Geheimschrift mit Hilfe eines Spiegels.
Schreibe den Satz auf.

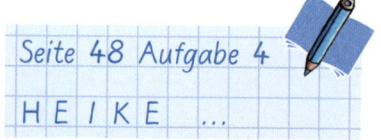

Lieblingstier du hast.
ins Ohr, welches
Flüstere deiner Lehrerin

* überprüfen komplexe Buchstaben, Wörter und Texte auf Achsensymmetrie
* stellen Vermutungen über Auffälligkeiten an
* bestätigen oder widerlegen ihre Vermutungen